高职高专会计专业
工学结合系列教材

企业纳税全真实训

第三版

◉ 梁伟样 编 著

清华大学出版社
北京

内 容 简 介

本书是高职高专会计专业工学结合系列教材《企业纳税实务》(第三版)的配套用书,按照工作过程,以项目导向设计实训内容,用原始凭证表示,给学生以全真的感觉。全书共 8 大项目,项目 1 至项目 7 为单项实训,与教材配套,以企业具体纳税操作为主线,分别安排应纳税额的计算、纳税申报和会计处理三个方面进行实训;项目 8 为企业纳税综合实训。贯彻了"教、学、做"一体化、理实合一的高职教学理念。营业税改征增值税全面推开的试点内容已经体现在本书中。

本书结构清晰,思路独特,有很强的实用性,可作为高职高专院校会计、财政、税务、审计、贸易等专业的教材。

图书在版编目(CIP)数据

企业纳税全真实训/梁伟样编著. --3 版. --北京:清华大学出版社,2015(2019.8重印)
高职高专会计专业工学结合系列教材
ISBN 978-7-302-38655-1

Ⅰ. ①企… Ⅱ. ①梁… Ⅲ. ①企业管理-税收管理-中国-高等职业教育-教材   Ⅳ. ①F812.423

中国版本图书馆 CIP 数据核字(2014)第 283785 号

责任编辑:左卫霞
封面设计:毛丽娟
责任校对:袁 芳
责任印制:李红英

出版发行:清华大学出版社
　　　　网　　　址:http://www.tup.com.cn,http://www.wqbook.com
　　　　地　　　址:北京清华大学学研大厦 A 座　　　　邮　　编:100084
　　　　社 总 机:010-62770175　　　　　　　　　　　邮　　购:010-62786544
　　　　投稿与读者服务:010-62776969,c-service@tup.tsinghua.edu.cn
　　　　质量反馈:010-62772015,zhiliang@tup.tsinghua.edu.cn
　　　　课件下载:http://www.tup.com.cn,010-62795764

印 装 者:北京富博印刷有限公司
经　　销:全国新华书店
开　　本:185mm×260mm　　　印　张:12.75　　　字　　数:288 千字
版　　次:2010 年 2 月第 1 版　　2015 年 2 月第 3 版　　印　　次:2019 年 8 月第 9 次印刷
定　　价:38.00元

产品编号:062999-03

高职高专会计专业工学结合系列教材
编委会名单

主　任： 梁伟样（丽水职业技术学院）

编委会成员（按拼音顺序排列）：

陈　强（浙江商业职业技术学院）

顾全根（苏州经贸职业技术学院）

李　莉（四川商务职业学院）

李泽岚（唐山职业技术学院）

戚素文（唐山职业技术学院）

施海丽（丽水职业技术学院）

俞校明（浙江经贸职业技术学院）

周小芬（长沙商贸旅游职业技术学院）

朱　明（浙江经贸职业技术学院）

邹　敏（湖南交通职业技术学院）

秘书组： 左卫霞（zuoer_2002@163.com）

丛书总序

2014年5月2日,国务院发布了《关于加快发展现代职业教育的决定》(国发〔2014〕19号),提出"坚持校企合作、工学结合,强化教学、学习、实训相融合的教育教学活动。推行项目教学、案例教学、工作过程导向教学等教学模式。加大实习实训在教学中的比重,创新顶岗实习形式,强化以育人为目标的实习实训考核评价"。"积极推进学历证书和职业资格证书'双证书'制度"。建设融"教、学、做"为一体、强化学生能力培养的优质教材显得更为重要。

2013年8月1日起,陆续在交通运输业、邮政业、电信业和部分现代服务业进行营业税改征增值税的试点工作,2016年5月1日起在全国范围内全面推开,营业税退出了历史舞台;2014年7月1日起,实施《长期股权投资》、《职工薪酬》、《公允价值计量》、《财务报表列报》、《合并会计报表》等新的企业会计准则;企业所得税纳税申报表从2015年1月1日起作了全新的修改,2014年12月1日起陆续修改了消费税法规,2016年7月1日起全面推行资源税改革。会计法规在变,税法在变,教材也应及时更新、再版。

为满足教学改革和教学内容变化的需要,我们对2007年立项,梁伟样教授主持的清华大学出版社重点规划课题"高职院校会计专业工学结合模式的课程研究"成果,2009年以来出版的"高职高专会计专业工学结合系列教材"陆续进行修订、再版,包括《出纳实务》、《基础会计实务》、《财务会计实务》、《成本会计实务》、《企业纳税实务》、《会计电算化实务》、《审计实务》、《财务管理实务》、《财务报表阅读与分析》,前7种教材单独配备了"全真实训",以方便教师的教学与学生的实训练习。

本系列教材具有以下特色。

(1) 项目导向、任务驱动。以真实的工作目标作为项目,以完成项目的典型工作过程(环节、方法、步骤)作为任务,以任务引领知识、技能和态度,让学生在完成工作任务中学习知识,训练技能,获得实现目标所需要的职业能力。

(2) 内容适用、突出能力。根据高职毕业生就业岗位的实际情况,以会计岗位的各种业务为主线,以介绍工作流程中的各个程序和操作步骤为主要内容,围绕职业能力培养,注重内容的实用性和针对性,体现职业教育课程的本质特征。

(3) 案例引入、学做合一。每个项目以案例展开并贯穿于整个项目之中,打破长期以来的理论与实践二元分离的局面,以任务为核心,配备相应的全真实训教材,便于在做中学、学中做,学做合一,实现理论与实践一体化教学。

（4）资源丰富、方便教学。在教材出版的同时为教师提供教学资源库，主要内容为：教学课件、习题答案、趣味阅读、课程标准、模拟试卷等，以便于教师教学参考。

本系列教材无论从课程标准的开发、教学内容的筛选、教材结构的设计还是到工作任务的选择，都倾注了职业教育专家、会计教育专家、企业会计实务专家和清华大学出版社各位编辑的心血，是高等职业教育教材为适应学科教育到职业教育、学科体系到能力体系两个转变进行的有益尝试。

本系列教材适用于高等职业院校、高等专科学校、成人高校及本科院校的二级职业技术学院、继续教育学院和民办高校的财会类专业，也可作为在职财会人员岗位培训、自学进修和岗位职称考试的教学用书。

本系列教材难免有不足之处，敬请各位专家、老师和广大读者不吝指正，希望本系列教材的出版能为我国高职会计教育事业的发展和人才培养作出贡献。

高职高专会计专业工学结合系列教材
编写委员会

第三版 前言

　　《企业纳税全真实训》(第二版)作为《企业纳税实务》(第二版)的配套教材,自 2013 年 5 月出版以来,承蒙读者的厚爱,取得了较好的效果。经国务院批准,从 2013 年 8 月开始在全国范围实施交通运输业和部分现代服务业的营业税改征增值税的试点工作。2014 年 1 月 1 日起,将试点内容扩大到铁路交通和邮政业服务,2014 年 6 月 1 日起,又将电信业服务纳入试点范围。从 2016 年 5 月 1 日起,在全国范围内全面推开营业税改征增值税试点。2014 年 8 月 1 日起,国家启用新版增值税专用发票和增值税普通发票,2015 年 1 月 1 日起,使用修订后新的企业所得税纳税申报表,所有这些政策和税法的变化,都迫切要求对原来的教材进行更新。为此,在清华大学出版社的支持下,对《企业纳税实务》(第二版)教材修订的同时,其配套的实训教材也进行了修订,以体现最新的法规变化。

　　本次重印,按照财政部、国家税务总局《关于全面推开营业税改征增值税试点的通知》(财税[2016]36 号)文件的相关规定,把营业税改征增值税的试点内容全面体现在本教材之中,同时删除了营业税的内容。

　　本次修订工作由梁伟样教授负责,在修订过程中得到了有关部门、企业和任课老师的大力支持,在此一并表示诚挚的谢意。

　　由于编者水平有限,书中难免存在不妥之处,恳请专家、学者、老师、同学和读者批评、指正。

编　者
2016 年 7 月

第二版 前言

　　本书作为《企业纳税实务》(第二版)的配套教材,自 2010 年 2 月出版以来,承蒙读者的厚爱,取得了良好的市场反响。个人所得税法从 2011 年 9 月 1 日起作了较大的修改,2011 年 11 月 1 日起实施新的资源税暂行条例,2012 年 1 月 1 日起执行新的车船税法,从 2012 年开始陆续在上海、北京、天津、江苏、浙江、安徽、福建、湖北、广东和厦门、深圳等地的交通运输业和部分现代服务业试行营业税改征增值税的试点工作。所有这些政策和税法的变化,都迫切要求对原来的教材进行更新。为此,在《企业纳税实务》教材修订的同时,对其配套的辅助教材也进行了修订,以体现最新的法规变化。

　　本次再版,是为了贯彻教育部《关于推进高等职业教育改革创新 引领职业教育科学发展的若干意见》[教职成(2011)12 号]的文件精神,充分体现职业教育要实现学历证书与职业资格证书对接、课程内容与职业标准对接、教学过程与生产过程对接的目标。与修订后的主教材相配套,对第一版进行了比较全面的修改调整,并增加了实训操作的提示,突出了对学生报税岗位基本技能、职业意识和职业习惯的培养。

　　本书适合高职高专院校会计、财政、税务等财经类专业使用,也可作为成人高校、本科院校举办的二级职业学院财经类专业的教材和社会从业人员的业务学习用书。

　　本次修订工作由梁伟样教授负责,在修订过程中得到了有关部门、企业和任课老师的大力支持,在此一并表示诚挚的谢意。

　　由于编者水平有限,书中难免存在不妥之处,恳请读者批评、指正。

编　者

2012 年 11 月

第一版 前言

本书是与《企业纳税实务》教材相配套的辅助性教材。本书的编写目的是贯彻落实教育部《全面提高高等职业教育教学质量的若干意见》（教高[2006]16号）文件精神，充分体现"做中学、做中教"的高职教学理念，满足课程标准中有关能力目标的需要，突出对学生报税岗位基本技能、职业意识和职业习惯的培养。

本书在编写过程中，充分考虑了主教材的特点以及学习任务的安排，按照工作过程，以项目导向设计实训内容，用原始凭证表示，给学生以全真的感觉。全书共10个项目，其中项目一至项目九为单项训练，与主教材相对应，项目十为企业纳税综合实训，将企业相关税种结合在一起，供学生综合实训。

本书内容具有针对性、实用性、易操作性等特点。每个实训项目均安排了能力目标、实训成果、任务描述、实训条件和实训材料五项内容，并配有相关的涉税表单，以供学生完成各项操作任务。本书是目前国内较早按工作过程导向进行全真实训的辅助教材，贯彻了教学做一体化、理实合一的高职教学理念。

本书由丽水职业技术学院梁伟样教授、王碧秀副教授编著。梁伟样编写项目一、项目四、项目五、项目六、项目七、项目八、项目九、项目十；王碧秀编写项目二和项目三。全书由梁伟样负责修改、总纂定稿。

本书适合高职高专院校会计、财政、税务等财经类专业使用，也可作为成人高校、本科院校举办的二级职业学院财经类专业的教材和社会从业人员的业务学习用书。

本书在编写过程中参考了不少教材，得到了有关专家、学者、企业实务人员以及清华大学出版社的大力支持，在此一并表示感谢。

由于编者理论知识和实践能力有限，书中疏漏之处在所难免，敬请专家、学者、老师、同学和读者批评、指正。

编 者

2009 年 10 月

目录

纳税工作流程认知

实训 1.1 发票领购

一、能力目标

会办理普通发票、增值税专用发票的领购事务。

二、实训成果

1. 发票领购簿。
2. 已开具的发票。

三、任务描述

1. 准备领购普通发票所需的材料,填写普通发票领购簿申请审批表,模拟进行领购普通发票的办理。

2. 准备领购增值税专用发票所需的材料,填写领取增值税专用发票领购簿申请书、最高开票限额申请表,模拟进行领购增值税专用发票的办理。

四、实训条件

在税务实训室进行训练,提供相关表单资料。

五、实训材料

1. 东海酒业有限公司申请发票相关资料如下。

种类:增值税普通发票、增值税专用发票。

用量：普通发票每月用量 200 份，每次领购 200 份；专用发票每月用量 450 份，每次领购 450 份。

专用发票限额：百万元版。

2. 东海酒业有限公司基本情况如下。

法定代表人：陈东方

财务负责人：王大平

办税人：李兴业

财会人员：共 4 人

注册资本：2 000 万元

成立时间：2008 年 7 月 26 日

税务登记号：330632584744127

开户银行及账号：工商银行东海分行　18010011 2200100777

企业地址及电话：东海市东京路 1210 号　0316-8803975

经营范围：各类酒及相关制品

年预计销售额：5 000 万元

固定资产规模：1 900 万元

3. 相关表单：纳税人领购发票票种核定申请表（见表 1-1）、税务行政许可申请表（见表 1-2）、最高开票限额申请表（见表 1-3）各一份。

提示：首次领购发票需提供的有关材料。

普通发票：加载统一代码的营业执照或者税务登记证原件及复印件；经办人（企业）或法人代表（个体户首次申请领购发票须法人代表本人）身份证原件及复印件；公章及发票专用章。

专用发票：加载统一代码的营业执照或者税务登记证原件及复印件；经办人身份证原件及复印件；公章及发票专用章；企业 IC 卡。

表 1-1　　　　　　　　　　　　　纳税人领购发票票种核定申请表

纳税人识别号			法人代表	
纳税人名称				
购票员名称	证件类型		证件号码	
申请理由： 申请人：（签章） 　　　　年　月　日		申请人财务专用章 或发票专用章印模		
申请发票名称		版　面	申购数量	月用票量

続表

发票名称	种类代码	操作类型	每月最高购票数量	每次购票最高数量	纳税人持票最高数量	开具最大金额	购票方式	联次屏蔽标志

以下由税务机关填写

主管税务机关税源管理环节审批意见：

（公章）

负责人：　　　　经办人：　　　　　　　　　　　　　　年 月 日

主管税务机关发票管理环节审批意见：	主管税务机关审批意见：
经办人：　　　　　　（公章）	（公章）
负责人：　　　　年 月 日	主管局长：　　　　年 月 日

注：① 本表纳税人初次购票前及因经营范围变化等原因，需要增减发票种类数量时填写。

② 纳税人申请发票种类可参考附页发票种类及版式对照表。

③ 经主管税务机关核准后，将有关发票内容填写在《发票领购证》中。

④ 此表不作为日常领购发票的凭证。

⑤ 种类代码为五位（或四位），操作类型分为：增加、修改、删除。

⑥ 一式两份，一份纳税人留存，一份税务机关留存。

表 1-2　　　　　　　　　税务行政许可申请表

申请日期：　年 月 日　　　　　　　　　　　　　　　　编号：

申请人	姓　名		身份证件	
	电　话		邮政编码	
	住　址			
	单　位		法定代表人	
	邮政编码		电　话	
	地　址			
	委托代理人		身份证件	
	住　址		电　话	
申请事项	（在申请事项前画"√"） 1. 指定企业印制发票； 2. 对发票使用和管理的审批； 3. 对发票领购资格的审核； 4. 对增值税防伪税控系统最高开票限额的审批； 5. 建立收支凭证粘贴簿、进货销货登记簿或者使用税控装置的审批； 6. 印花税票代售许可。			

受理人（审核人）：　　　　　　　　　　　　收到日期：　年 月 日

表 1-3　　　　　　　　　　　　**最高开票限额申请表**

申请事项 （由企业填写）	企业名称		税务登记代码	
	地　　址		联系电话	
	申请最高开票限额	☐一亿元　　☐一千万元　　☐一百万元 ☐十万元　　☐一万元　　　☐一千元		
	经办人：（签字） 　　年　月　日		企业：（印章） 　　年　月　日	
区县级税务 机关意见	批准最高开票限额： 经办人：（签字） 　　年　月　日	批准人：（签字） 　　年　月　日	税务机关：（印章） 　　年　月　日	
地市级税务 机关意见	批准最高开票限额： 经办人：（签字） 　　年　月　日	批准人：（签字） 　　年　月　日	税务机关：（印章） 　　年　月　日	
省级税务 机关意见	批准最高开票限额： 经办人：（签字） 　　年　月　日	批准人：（签字） 　　年　月　日	税务机关：（印章） 　　年　月　日	

注：本申请表一式两联。第一联，申请企业留存；第二联，区县级税务机关留存。

实训 1.2　涉税票证填制

一、能力目标

会正确填开普通发票、专用发票和税收缴款书等涉税票证。

二、实训成果

已开具的发票、税收缴款书、完税凭证。

三、任务描述

1. 进行实训操作之前,应复习与填开发票相关的基本知识,《发票管理办法》、《发票管理办法实施细则》中有关填开发票的基本规定。检查准备的表单资料是否齐全。

2. 准备好填开票据的用品用具,如水笔、发票专用章或财务专用章等相关印章。

3. 根据税务机关有关涉税票证的填开要求,按照提供的经济业务资料和空白票证,分栏目从上到下逐项填开。以东海集团股份有限公司 6 月部分经营业务为依据填开下列涉税票证。

(1) 销售货物的商业零售发票、增值税专用发票;

(2) 提供运输服务、销售不动产的增值税专用发票、增值税普通发票;

(3) 税收通用缴款书、税收通用完税证、海关进口增值税专用缴款书。

四、实训条件

在税务实训室进行训练,提供相关表单材料。

五、实训材料

1. 企业基本情况

企业名称:东海集团股份有限公司

法定代表人:陈大力,身份证号为 3301021957120278××

财务负责人:王小平

办税员:李金刚,身份证号为 3301021970120286××

财会人员:共 4 人

注册资本:20 000 万元

成立时间:2010 年 7 月 26 日

税务登记号:330632584747645

主管国税机关:东海市国家税务局直属分局　代码:54350023

主管地税机关:东海市地方税务局直属分局　代码:12650026

开户银行及账号:工商银行东海分行　18010011220010654 3

企业地址及电话:东海市东京路 118 号　0136-8806529

经营范围:各类服装、白酒的生产、销售、出口,房地产开发,宾馆旅游经营,货物运输等

2. 该企业 2016 年 6 月部分经营业务

【业务 1】 6 月 3 日,东海市湖滨小区 28 幢 403 室居民王冬山到本公司非独立核算门市部购买两件东海牌服装,单价 350 元,收取现金 700 元。

要求:根据上述资料填制一份商业零售发票,见表 1-4。

表 1-4
650234567

东海商业零售普通发票

发票联

东国税函字(11)商零三职

No5743254567

购货单位(人)				地址							
品名、规格、型号	单位	数量	单价	金 额							
				十万	千	百	十	元	角	分	
金额合计(大写)											
销货单位	名称			纳税人识别码							
	地址			电 话							

第三联：发票联

【业务2】 2016年6月5日,东海集团股份有限公司向顺达有限责任公司销售白酒250箱,每箱售价600元,增值税税率17％。顺达有限责任公司资料如下。

纳税人识别号:330600000001678。

地 址、电话:东海市灯塔街66号 0136-2345689。

开户行及账号:工商银行灯塔路分理处 654321。

要求:根据以上资料填开增值税专用发票,见表1-5。

注意:下列增值税专用发票属于用防伪税控装置开具的增值税专用发票,实训操作时,密码区部分不必填写,其他栏目需填写完整。

提示:增值税专用发票的联次。

常用的增值税专用发票有两种:即三联和六联,企业可以根据自己需要选择使用。

第一联为记账联,是销售方的记账凭证,即开票方作为销售的原始凭证,在票面上的"税额"指的是"销项税额","金额"指的是销售方的"不含税金额收入"。

第二联为抵扣联,是购买方扣税凭证,即购买方可以进行抵扣的进项发票,在票面上的"税额"指的是"进项税额","金额"指的是购买方的"不含税金额价格"。

第三联为发票联,是购买方的记账凭证,即购买方作为购进货物的原始凭证。

发票三联是具有复写功能的,一次开具,三联的内容一致。

四、五、六联可根据纳税人的不同需要使用。增值税专用发票具复写功能,要求一次填开,内容一致。

表 1-5

东海增值税专用发票

3300143140

抵扣联

No 00660408

开票日期： 年 月 日

购买方	名　　称： 纳税人识别号： 地址、电话： 开户行及账号：				密码区	（略）		
货物或应税劳务、服务名称	规格型号	单位	数量	单价	金额	税率	税额
价税合计（大写）				（小写）			
销售方	名　　称： 纳税人识别号： 地址、电话： 开户行及账号：				备注			

收款人： 　　复核： 　　开票人： 　　销售方：（章）

税总函〔2014〕××号 ×××公司

第二联：抵扣联 购买方作抵扣税凭证

【业务 3】 6 月 10 日，东海集团股份有限公司职工李明杰到本公司开发的滨江花园订购一套住房，楼牌号：5 幢 5 单元 305 室，建筑面积：140 平方米，每平方米 7 000 元，合计 98 万元，采用简易计税办法，增值税税额 4.9 万元已通过银行转账收讫。防伪税控收款开票机器号码：AE-011-654321。李明杰身份证号：330521196407101×××。

要求：根据以上资料为李明杰开具一份销售住房的发票，见表 1-6。

表 1-6

东海增值税普通发票

3306143320

发票联

No 00660408

开票日期： 年 月 日

购买方	名　　称： 纳税人识别号： 地址、电话： 开户行及账号：				密码区	（略）		
货物或应税劳务、服务名称	规格型号	单位	数量	单价	金额	税率	税额
价税合计（大写）				（小写）			
销售方	名　　称： 纳税人识别号： 地址、电话： 开户行及账号：				备注			

收款人： 　　复核： 　　开票人： 　　销售方：（章）

税总函〔2014〕××号 ×××公司

第二联：发票联 购买方记账凭证

【业务4】 6月12日，公司运输部承接一项从东海到上海的货物运输业务，运费收入5 000元，税款550元。款已通过银行转账收讫。

发货人：东海天宝化工股份有限公司，税务登记号：330665987645321。

收货人：上海民强化工股份有限公司（受票方），税务登记号：458732130987456。

税控装置号：AE-011-654321。

要求：根据上述资料，填开一份收取运输费的增值税专用发票，见表1-7。

表1-7

东海增值税专用发票

3306143230

抵扣联

No00660478

开票日期： 年 月 日

<table>
<tr><td rowspan="4">购买方</td><td>名　　称：</td><td colspan="6"></td><td rowspan="4">密码区</td><td rowspan="4">（略）</td></tr>
<tr><td>纳税人识别号：</td><td colspan="6"></td></tr>
<tr><td>地　址、电话：</td><td colspan="6"></td></tr>
<tr><td>开户行及账号：</td><td colspan="6"></td></tr>
<tr><td colspan="2">货物或应税劳务、服务名称</td><td>规格型号</td><td>单位</td><td>数量</td><td>单价</td><td>金额</td><td>税率</td><td>税额</td></tr>
<tr><td colspan="2"></td><td></td><td></td><td></td><td></td><td></td><td></td><td></td></tr>
<tr><td colspan="2">价税合计（大写）</td><td colspan="4"></td><td colspan="3">（小写）</td></tr>
<tr><td rowspan="4">销售方</td><td>名　　称：</td><td colspan="6"></td><td rowspan="4">备注</td><td rowspan="4"></td></tr>
<tr><td>纳税人识别号：</td><td colspan="6"></td></tr>
<tr><td>地　址、电话：</td><td colspan="6"></td></tr>
<tr><td>开户行及账号：</td><td colspan="6"></td></tr>
</table>

税总函[2014]××号×××××公司

第二联：抵扣联　购买方扣税凭证

收款人：　　　　复核：　　　　开票人：　　　　销售方：（章）

【业务5】 6月15日，东海集团股份有限公司向主管税务机关报送5月财务报表和增值税纳税申报表，申报表中列示该企业5月销售收入4 000万元，销项税额680万元，已认证的进项税额450万元，5月应纳税额230万元。

要求：按上述资料以税务机关办税员的身份为该企业填开一份税收通用缴款书，见表1-8。

注意：税收缴款书中的预算科目已填写。

提示：税收通用完税证和税收通用缴款书的区别。

（1）用途不同：税收通用完税证是税务机关和委托代征单位自收现金税款时使用的一种完税凭证，是直接开给纳税人的；税收通用缴款书是纳税人直接向银行缴纳税款时使用的一种凭证，是税款入金库的凭证（唯一合法要件）。

（2）格式不同：税收通用缴款书栏目设计比税收通用完税证复杂，除两者相同的栏目之外，缴款书中还包括缴款单位开户银行和账号、预算科目编码、名称、级次，收款国库，税款限缴日期，国库（银行）盖章、缴款单位盖章等栏目。

（3）联次不同：税收通用缴款书联次较多，一般为一式五联，税收通用完税证一式三联。

（4）生效方式不同：税收通用缴款书必须经收款国库（银行）盖章后生效。税收通用完税证无须银行盖章。

表1-8

中华人民共和国
税收通用缴款书

(032)海 №1055806

隶属关系：　　　　　　　　　　　　　　　　　　　　　国缴电

注册类型：　　　　　　　填发日期：　年　月　日　　征收机关：

缴款单位（人）	代　码		预算科目	编码	101010103
	全　称			名称	股份制企业增值税
	开户银行			级次	中央50%，地方50%
	账　号			收款国库	东海市中心支库

税款所属时期　年　月　日至　月　日　　　税款限缴日期　年　月　日

品目名称	课税数量	计税金额或销售收入	税率或单位税额	已缴或扣除额	实缴金额
金额合计	（大写）			（小写）¥	

缴款单位（人）（盖章）　　东海集团股份有限公司财务专用章

上列款项已收妥并划转收款单位账户

征税专用章

经办人（盖章）　　　国库（银行）盖章　　年　月　日

工商银行
东海分行
2016.06.15
转讫

第一联：（收据）国库（银行）收款盖章后退缴款单位（人）作完税凭证

逾期不缴按税法规定加收滞纳金

【业务6】 公司所属非独立核算的湖滨酒楼实行定额征收，6月15日，公司用现金缴纳5月应交税费，其中应交增值税1 300元，应交城建税91元，应交教育费附加39元，合计1 430元。

要求：按上述资料以税务机关办税员的身份为该企业填开一份税收通用完税书，见表1-9。

【业务7】 6月16日，东海集团股份有限公司从美国进口一批XL-7654生产原料，共计100桶，到岸价150万美元，假定该批化工原料进口关税完税价格与到岸价相同，进口关税税率为10%，即应缴关税15万美元；汇率1：6.5；合同号：11-03-115；报关单编号TX-0011305，提货单号：E-987654；收款国库：东海市中心支库。

要求：按照上述资料，以海关办税员的身份，为企业填制一份进口增值税缴款书，见表1-10。

表1-9

中华人民共和国
税收通用完税书

印刷序号：A234543

纳税人编号：　　　　　　　预算级次：　　　　　　（2011）东地税完字：020383746593 号

收款单位				纳税单位（人）					
税种	税目	税款所属期限	计税金额	计税数量	税率/%	扣除或预缴税额	纳税金额	滞纳天数	
备注				汇率		结算金额			
合计人民币（大写）　（1）						￥			
经手人				填发日期					

（东海市地方税务局直属分局 征税专用章）

表1-10　　　　　　　　**海关进口增值税专用缴款书**

收入系统：　　　　　　填发日期：　　年　月　日　　　　　　号码：0432875434

收款单位	收入机关				缴款单位（人）	名称			
	科目		预算级次			账号			
	收缴国库					开户银行			
税号	货物名称	数量		单位	完税价格/￥	税率/%		税款金额/￥	
金额人民币（大写）						合计（￥）			
申请单位编号			报关单编号			填制单位			
合同（批文）号			运输工具（号）			填制人：			
备注	缴款期限		提/装货单号			复核人：		收款国库（银行）	
	一般征税 USD 国际代码：					单证专用章		业务公章 东海市中心支库	

（东海股份有限公司财务专用章）（中华人民共和国海关 单证专用章）（中华人民共和国国家金库 收款国库 业务公章 东海市中心支库）

提示：有关发票的法律责任。

（1）非法印制发票的，由税务机关销毁非法印制的发票，没收违法所得和作案工具，并处1万元以上5万元以下的罚款；构成犯罪的，依法追究刑事责任。

（2）伪造或者出售伪造的增值税专用发票的，处3年以下有期徒刑、拘役或者管制，并处2万元以上20万元以下罚金；数量较大或者有其他严重情节的，处3年以上10年以下有期徒刑，并处5万元以上50万元以下罚金。数量巨大或有其他特别严重情节的，处10年以上有期徒刑或者无期徒刑，并处5万元以上50万元以下罚金。

增值税计算申报与核算

实训 2.1 增值税税款计算

一、能力目标

1. 能审核增值税涉税业务原始凭证,判断哪些业务应缴纳销项税额、哪些业务可以作为进项税额抵扣。
2. 能计算应缴纳的增值税税额。

二、实训成果

1. 增值税可抵扣的进项税额、销项税额。
2. 当期应缴纳的增值税税额。

三、任务描述

1. 逐笔审核经济业务的原始凭证,确定增值税的销项税额、可抵扣的进项税额。
2. 汇总销项税额、进项税额,计算本期应缴纳的增值税税额。

四、实训条件

在税务实训室进行训练,提供黄河有限责任公司基本情况、经济业务的原始凭证。

五、实训材料

1. 企业基本情况

黄河有限责任公司是东海市一家机械制造企业,为增值税一般纳税人,适用税率17%,上期留抵的增值税为0,执行《企业会计准则》。该公司的基本资料如下。

开户银行：中国工商银行东海市支行紫荆分理处

账号：180100112200100888

纳税人识别号：330602002234678

主管国税机关：东海市国家税务局直属分局

主管地税机关：东海市地方税务局直属分局

经营地址：东海市解放街 208 号

电话：0136-3133666

注册资本：5 000 万元人民币

法定代表人：郭朝阳

财务主管：李林

会计：赵星

助理会计：张晓庆

出纳员：陈洁

职工人数：1 250 人

存货按实际成本计价核算

2. 2016 年 6 月涉税相关资料

该公司 2016 年 6 月共发生以下与增值税相关的业务。

【业务 1】 6 月 2 日，为公司某个免税项目特向本市物资公司购入 φ20 螺纹钢，仓库已验收入库。原始凭证如表 2-1～表 2-5 所示。

表 2-1
3300144130

东海增值税专用发票

No05000487

发 票 联　　　　　开票日期：2016 年 06 月 02 日

税总函[2014]×××号 ××××公司

购买方	名　称：黄河有限责任公司 纳税人识别号：330602002234678 地址、电话：东海市解放街 208 号　0136-3133666 开户行及账号：工商银行东海紫荆分理处 180100112200100888	密码区	（略）	第三联 发票联 购买方记账凭证

货物或应税劳务、服务名称	规格型号	单位	数量	单价	金额	税率	税额
螺纹钢	φ20	吨	15	3 000.00	45 000.00	17%	7 650.00

价税合计（大写）	⊗伍万贰仟陆佰伍拾元整	（小写）¥ 52 650.00

销售方	名　称：东海市物资公司 纳税人识别号：330602002268152 地址、电话：东海市大众街 83 号 0136-3133895 开户行及账号：工商银行东海分行 180100110220002053	备注	330602002268152 发票专用章

收款人：　　　复核：　　　开票人：丁一杰　　　销售方：（章）

提示：下列业务即使取得增值税专用发票，其进项税额也不得从销项税额中抵扣。

（1）用于免征增值税项目、集体福利或者个人消费的购进货物或者应税劳务。

（2）非正常损失的购进货物及相关的应税劳务。

（3）非正常损失的在产品、产成品所耗用的购进货物或者应税劳务。

（4）上述第（1）项～第（3）项规定的货物的运输费用和销售免税货物的运输费用。

表 2-2

3300144130

东海增值税专用发票

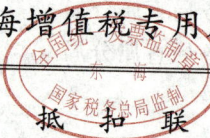

抵 扣 联

№05000487

开票日期：2016 年 06 月 02 日

税总函[2014]××号×××公司

购买方	名 称：黄河有限责任公司 纳税人识别号：330602002234678 地 址、电话：东海市解放街 208 号 0136-3133666 开户行及账号：工商银行东海紫荆分理处 180100112200100888					密码区	（略）	第二联：抵扣联 购买方扣税凭证
货物或应税劳务、服务名称	规格型号	单位	数量	单 价	金 额	税率	税 额	
螺纹钢	φ20	吨	15	3 000.00	45 000.00	17%	7 650.00	
价税合计（大写）	⊗伍万贰仟陆佰伍拾元整					（小写）¥52 650.00		
销售方	名 称：东海市物资公司 纳税人识别号：330602002268152 地 址、电话：东海市大众街 83 号 0136-3133895 开户行及账号：工商银行东海分行 180100110220002053					备注		

收款人：   复核：   开票人：丁一杰   销售方：（章）

表 2-3   转账支票存根

中国工商银行　（东）
转账支票存根
Ⅻ 00105455

科 目 _____
对方科目 _____
出票日期 2016 年 06 月 02 日

收款人：东海市物资公司
金 额：52 650.00
用 途：付项目材料款
备 注：

单位主管   会计
复 核   记账

表 2-4

东海国家税务局通用机打发票

发票代码：133011230233

网络发票号：3373890812456614

发票联

开票日期：2016 年 06 月 02 日　　　　行业分类：货物运输业　　　　发票号码：08754329

收货人名称：黄河有限责任公司	承运人名称：东海市搬运公司
收货人识别号：330602002234678	承运人识别号：330605001372564
发货人名称：东海市物资公司	实际受票方名称：黄河有限责任公司
发货人识别号：330802002268152	实际受票方识别号：330602002234678

运输项目及金额	货物名称	数量（重量）	单位运价	计量里程	金额	其他项目及金额	费用名称	金额
	螺纹钢	15 吨			200.00			
	运费小计：				200.00			

现金付讫

小写：　　200.00	备注：

合计人民币（大写）贰佰元整

开票人：郑一照　　　　收款人：郑一照　　　　开票单位（未盖章无效）

第二联：发票联　购买方付款凭证（手写无效）

东海市搬运公司
330605001372564
发票专用章

表 2-5　　　　　　　　　　　　　　　　收料单

材料科目：工程物资　　　　　　　　　　　　　　　　　　　　　　编号：001

材料类别：钢材　　　　　　　　　　　　　　　　　　　　　　收料仓库：3 号仓库

供应单位：东海市物资公司　　　　　　2016 年 06 月 02 日　　　　发票号码：05000487

材料编号	材料名称	规格	计量单位	数量		实际价格				计划价格	
				应收	实收	单价	发票金额	运费	合计	单价	金额
001	螺纹钢	φ20	吨	15	15	3 510	52 650.00	200.00	52 850.00		
备注											

采购员：　　　　检验员：赵安康　　　　记账员：　　　　保管员：叶志明

【业务 2】　6 月 2 日，向东海泰山有限责任公司销售货物，业务部门开出增值税发票，储运部门办妥发货手续并代垫运费。财会部门根据增值税发票、代垫运费清单办妥托收手续。原始凭证如表 2-6～表 2-9 所示。

表 2-6

3300144130

东海增值税专用发票

此联不作报销、扣税凭证使用 开票日期：2016 年 06 月 02 日

№22000001

| 购买方 | 名　　　称：东海泰山有限责任公司
纳税人识别号：330601001112248
地址、电话：东海市人民路 17 号　0136-27708086
开户行及账号：工商银行东海分行 150200683322006688 | | | | | 密码区 | （略） | |

货物或应税劳务、服务名称	规格型号	单位	数量	单价	金额	税率	税额
甲产品		件	500	800.00	400 000.00	17%	68 000.00

价税合计（大写）	⊗肆拾陆万捌仟元整	（小写）￥468 000.00

| 销售方 | 名　　　称：黄河有限责任公司
纳税人识别号：330602002234678
地址、电话：东海市解放街 208 号　0136-3133666
开户行及账号：工商银行东海紫荆分理处 180100112200100888 | 备注 |

收款人：　　　复核：　　　开票人：许月宏　　　销售方：（章）

（印章：黄河有限责任公司 330602002234678 发票专用章）

表 2-7

代垫费用清单　4　第 89 号

日期：2016 年 06 月 02 日

单位名称	东海泰山有限责任公司	代垫费用项目	运费
金　额	人民币（大写）壹仟贰佰元整		￥1 200.00
内容：甲产品 500 件汽车运费		附单据	2 张
备注：			

主管：　　　会计：　　　复核：　　　制单：陈洁

④代垫方作收款依据

表 2-8　　　转账支票存根

中国工商银行（东）
转账支票存根
Ⅻ 00105456

科　　目	
对方科目	
出票日期	2016 年 06 月 02 日

收款人：东海货运公司
金　额：1 200.00
用　途：运费
备　注：

单位主管　　　　会计
复　核　　　　　记账

表 2-9　　　　　　　异地托收承付 结算凭证（回单）1　第　号

委托日期　　2016 年 06 月 03 日　　　　　　　托收号码：

付款人	全　　称	东海泰山有限责任公司	收款人	全　　称	黄河有限责任公司									
	账号或地址	150200683322006688		账　号	180100112200100888									
	开户银行	工商银行东海分行		开户银行	工商银行东海紫荆分理处	行号	25123							

托收金额	人民币（大写）	肆拾陆万玖仟贰佰元整	千	百	十	万	千	百	拾	元	角	分
				￥	4	6	9	2	0	0	0	0

附件		商品发运情况	合同名称号码
附寄单证张数或册数	4 张	2016 年 6 月 2 日发运	0468
备注：		款项收妥日期	
		20　年　月　日	收款人开户银行盖章　月　日

（印章：工商银行东海分行 2016.06.03 结算）

此联是收款单位开户银行给收款人的回单

【业务 3】　6 月 4 日，收到银行划账通知，支付东海市供水公司水费。原始凭证如表 2-10～表 2-12 所示。

表 2-10

3300144130

东海增值税专用发票

发票联

No 28004861

开票日期：2016 年 06 月 01 日

税总函[2014]××号××××公司

购买方	名　　　称：黄河有限责任公司 纳税人识别号：330602002234678 地址、电话：东海市解放街 208 号　0136-3133666 开户行及账号：工商银行东海紫荆分理处 180100112200100888				密码区	（略）		
货物或应税劳务、服务名称	规格型号	单位	数量	单价	金额	税率	税额	
水费		吨	20 000	1.50	30 000	3％	900	
价税合计（大写）	⊗叁万零玖佰元整				（小写）￥30 900.00			
销售方	名　　　称：东海市供水公司 纳税人识别号：330602002297140 地址、电话：东海市光明路 117 号　0136-3133428 开户行及账号：工商银行东海分行 180100112200100667				备注			

收款人：　　　　　复核：　　　　　开票人：杨晓琴　　　　　销售方：（章）

表 2-11

3300144130

东海增值税专用发票

抵扣联

No 28004861

开票日期：2016 年 06 月 01 日

税总函[2014]××号××××公司

购买方	名　　　称：黄河有限责任公司 纳税人识别号：330602002234678 地址、电话：东海市解放街 208 号　0136-3133666 开户行及账号：工商银行东海紫荆分理处 180100112200100888				密码区	（略）		
货物或应税劳务、服务名称	规格型号	单位	数量	单价	金额	税率	税额	
水费		吨	20 000	1.50	30 000	3％	900	
价税合计（大写）	⊗叁万零玖佰元整				（小写）￥30 900.00			
销售方	名　　　称：东海市供水公司 纳税人识别号：330602002297140 地址、电话：东海市光明路 117 号　0136-3133428 开户行及账号：工商银行东海分行 180100112200100667				备注			

收款人：　　　　　复核：　　　　　开票人：杨晓琴　　　　　销售方：（章）

表 2-12

委托收款 凭证(付款通知) **5** 委托号码：第 6 号

委托日期 2016 年 06 月 01 日　　　付款期限 2016 年 06 月 04 日

付款人	全　　称	黄河有限责任公司	收款人	全　　称	东海市供水公司										
	账号或地址	180100112200100888		账　　号	180100112200100667										
	开户银行	工商银行东海紫荆分理处		开户银行	工商银行东海分行行号 25123										
托收金额	人民币 （大写）	叁万零玖佰元整				千	百	十	万	千	百	拾	元	角	分
								￥	3	0	9	0	0	0	0

款项内容	5 月份水费	委托收款凭据名称	增值税发票	附寄单证张数	1

备注：	付款人注意： 1. 于见票当日通知开户银行划款。 2. 如需拒付，应在规定期限内，将拒付理由书并附债务证明退交开户银行。

工商银行
东海分行
2016.06.04

单位主管：　　会计：　　复核：　　记账：　　付款人开户银行：(盖章) 年 月 日

【业务 4】 6 月 5 日，为公司某个免税项目领用上月购进的原材料一批。原始凭证如表 2-13 所示。

表 2-13

领 料 单 字第 3701 号

领料部门：基建科　　　用途：四号行政办公楼工程　　　2016 年 06 月 05 日

品　名	规格型号	单　位	数　量		单　价	金额(不含增值税)
			请领	实领		
钢材	φ20	吨	15	15		51 860.00
备　注						

负责人：　　　领料人：张东林　　　发料人：叶志明

提示：外购货物用于免税项目、集体福利与自产货物用于免税项目、集体福利在计征增值税方面的区别。

外购货物用于免税项目、集体福利时，不计算销项税额，其进项税额也不得扣除，应进行进项税额转出的处理。

自产货物用于免税项目、集体福利时，应计算销项税额，其进项税额不作转出处理。

【业务5】 6月5日，支付东海市电力公司电费。原始凭证如表 2-14～表 2-16 所示。

表 2-14

东海增值税专用发票

3300144130

发票联

No 28006485

开票日期：2016 年 06 月 05 日

购买方	名　　　称：黄河有限责任公司 纳税人识别号：330602002234678 地　址、电话：东海市解放街 208 号　0136-3133666 开户行及账号：工商银行东海紫荆分理处 180100112200100888	密码区	（略）

货物或应税劳务、服务名称	规格型号	单位	数量	单价	金　额	税率	税　额
电费		吨	42 000	1.00	42 000.00	17%	7 140.00

价税合计（大写）	⊗肆万玖仟壹佰肆拾元整	（小写）￥49 140.00

销售方	名　　　称：东海市电力公司 纳税人识别号：330602002297208 地　址、电话：东海市虹桥路 90 号　0136-3133342 开户行及账号：工商银行东海分行 180100110220017408	备注

收款人：　　　　　复核：　　　　　开票人：柳之敏　　　　　销售方：（章）

第三联：发票联　购买方记账凭证

税总函[2014]××号×××公司

表 2-15

东海增值税专用发票

3300144130

抵扣联

No 28006485

开票日期：2016 年 06 月 05 日

购买方	名　　　称：黄河有限责任公司 纳税人识别号：330602002234678 地　址、电话：东海市解放街 208 号　0136-3133666 开户行及账号：工商银行东海紫荆分理处 180100112200100888	密码区	（略）

货物或应税劳务、服务名称	规格型号	单位	数量	单价	金　额	税率	税　额
电费		吨	42 000	1.00	42 000.00	17%	7 140.00

价税合计（大写）	⊗肆万玖仟壹佰肆拾元整	（小写）￥49 140.00

销售方	名　　　称：东海市电力公司 纳税人识别号：330602002297208 地　址、电话：东海市虹桥路 190 号　0136-3133342 开户行及账号：工商银行东海分行 180100110220017408	备注

收款人：　　　　　复核：　　　　　开票人：柳之敏　　　　　销售方：（章）

第二联：抵扣联　购买方扣税凭证

税总函[2014]××号×××公司

表 2-16   转账支票存根

中国工商银行 （东）
转账支票存根
XII 00105457

科　　目 _____
对方科目 _____
出票日期 2016 年 06 月 05 日

收款人：东海市电力公司
金　额：49 140.00
用　途：付电费
备　注：

单位主管　　　　会计
复　核　　　　记账

【业务 6】 6 月 6 日，收到东海市泰山公司传真，称 2 日从本公司购入的商品外观存在疵点，要求给予折让。经公司业务人员认定同意给予折让。依据泰山公司主管税务机关东海市国税局销售折让证明单开出红字专用票。原始凭证如表 2-17 所示。

表 2-17

东海增值税专用发票

3300144130
负数发票

此联不作报销、扣税凭证使用 开票日期：2016 年 06 月 06 日

No22000002

购买方	名　　称：东海泰山有限责任公司 纳税人识别号：330801001112248 地址、电话：东海市人民路 17 号　0136-27708086 开户行及账号：工商银行东海分行 150200683322006688			密码区		（略）	
	货物或应税劳务、服务名称	规格型号	单位	数量	单价	金　额	税率	税　额
	甲产品		件	500	－16.00	－8 000.00	17%	－1 360.00

价税合计（大写）　负数⊗玖仟叁佰陆拾元整　　　　　　（小写）¥－9 360.00

销售方	名　　称：黄河有限责任公司 纳税人识别号：330602002234678 地址、电话：东海市解放街 208 号　0136-3133666 开户行及账号：工商银行东海紫荆分理处 18010011220010 0888	备注

收款人：　　　　复核：　　　　开票人：许月宏　　　　销售方：（章）

第一联：记账联　销售方记账凭证

税总函[2014]×× 号 ×××× 公司

黄河有限责任公司
330602002234678
发票专用章

提示：红字增值税专用发票开具规定。

（1）购买方、销售方均未作账务处理：购买方只需将原发票联和抵扣联退还销售方。销售方在原发票的记账联、抵扣联和发票联上注明"作废"字样即可，不开具红字发票。

（2）购买方未作账务处理、销售方已作账务处理：购买方只需将原发票联和抵扣联退还销售方。销售方凭退回的抵扣联和发票联依据退回货物的数量、价款或折让金额开具相同内容的红字专用发票。

（3）购买方均已作账务处理：购买方不能退回原发票联、抵扣联时，销售方在取得购买方主管税务机关的《进货退出及索取折让证明单》后，方可根据退回货物的数量、价款或折让金额来开具相同内容的红字专用发票。

【业务7】 6月6日，向苏中吉达有限责任公司销售乙产品一批，开出增值税专用发票，代垫运杂费。收到对方银行承兑汇票一张（含代垫费用）。原始凭证如表2-18～表2-21所示。

表2-18

东海增值税专用发票

3300144130

No 22000003

此联不作报销、扣税凭证使用 开票日期：2016 年 06 月 06 日

购买方	名　　　称：苏中吉达有限责任公司 纳税人识别号：423321000017928 地址、电话：苏中市沁春街 19 号　0317-4155668 开户行及账号：工商银行苏中分行 250012293350005178					密码区	（略）	
货物或应税劳务、服务名称	规格型号	单位	数量	单价	金额	税率	税额	
乙产品		件	2 000	500.00	1 000 000.00	17%	170 000.00	
价税合计（大写）	⊗壹拾柒万元整				（小写）￥170 000.00			
销售方	名　　　称：黄河有限责任公司 纳税人识别号：330602002234678 地址、电话：东海市解放街 208 号　0136-3133666 开户行及账号：工商银行东海紫荆分理处 1801001122001000888					备注		

收款人：　　　　　复核：　　　　　　开票人：陈晓庆　　　　销售方：（章）

税总函[2014]××号×××公司

第一联：记账联·销售方记账凭证

表 2-19   **银行承兑汇票 2**

出票日期 贰零壹陆年零陆月零陆日   汇票号码第 2 号

出票人全称	苏中吉达有限责任公司	收款人	全称	黄河有限责任公司		
出票人账号	250012293350005178		账号	180100112200100888		
付款行全称	工商银行苏中分行	行号 22036	开户行	工商银行东海紫荆分理处		行号 25123

汇票金额	人民币（大写）	壹佰壹拾柒万陆仟贰佰元整	千	百	十	万	千	百	拾	元	角	分
			¥ 1	1	7	6	2	0	0	0	0	0

汇票到期日	2016 年 12 月 6 日	本汇票已经承兑，到期日由本行无条件付款。	承兑协议编号	086

本汇票请你行承兑，到期无条件付款

苏中吉达有限责任公司财务专用章

出票人签章 2016 年 6 月 6 日
林忢颖印

承兑行签章
承兑日期 2016 年 6 月 6 日
（工商银行苏中分行 汇票专用章）

科目（借）_____
对方科目（贷）_____
转账   年 月 日
复核   记账
柜员

备注：

表 2-20   **转账支票存根**

中国工商银行 （东）
转账支票存根
Ⅻ 00550202

科　　目 _____
对方科目 _____
出票日期 2016 年 06 月 06 日

收款人：东海物流公司
金　额：6 200.00
用　途：垫付运费
备　注：

单位主管   会计
复　核   记账

表 2-21   **代垫费用清单**

日期：2016 年 06 月 06 日   第 89 号

单位名称	苏中吉达有限责任公司	代垫费用项目	运费
金　额	人民币（大写）陆仟贰佰元整	¥ 6 200.00	
内容：甲产品 2 000 件东海至上海汽车运费		附单据	1 张
备注：			

主管：   会计：赵 星   制单：陈 洁

【业务8】 6月11日，向上海长江有限责任公司购入 A 型钢材，取得供货方开具的防伪税控增值税专用发票和运输单位开具的增值税专用发票，货款付讫。原始凭证如表 2-22～表 2-27 所示。

表 2-22

中国工商银行信汇凭证（回单） 1

委托日期 2016 年 06 月 11 日   第 258 号

汇款人	全 称	黄河有限责任公司				收款人	全称	上海长江有限责任公司			
	账号或地址	18010011220010888					账号或地址	020100100560100268			
	汇出地点	××省 东海 市县	汇出行名称	工商银行东海紫荆分理处			汇入地点	××省 常化 市县	汇入行名称	工商银行上海分行营业部	

金额	人民币（大写）	捌拾捌万叁仟捌佰贰拾柒元整	千 百 十 万 千 百 十 元 角 分 ￥8 8 3 8 2 7 0 0
汇款用途：购 A 型钢材			

工商银行东海分行 2016.06.11 转

汇出行盖章
年 月 日

此联汇出行给汇款人的回单

表 2-23

3100144130

上海增值税专用发票

发票联

No 22000312

开票日期：2016 年 06 月 11 日

购买方	名 称：黄河有限责任公司 纳税人识别号：330602002234678 地址、电话：东海市解放街208号 0136-3133666 开户行及账号：工商银行东海紫荆分理处 18010011220010888	密码区	（略）

货物或应税劳务、服务名称	规格型号	单位	数量	单价	金 额	税率	税 额
钢材	A 型	千克	15 000	50.00	750 000.00	17%	127 500.00

价税合计（大写）	⊗捌拾柒万柒仟伍佰元整	（小写）￥877 500.00

销售方	名 称：上海长江有限责任公司 纳税人识别号：310802002268152 地址、电话：上海市人民路166号 021-52560789 开户行及账号：工商银行上海分行 020100100560100268	备注

上海长江有限责任公司 310802002268152 发票专用章

税总函[2014]××号××××公司

第三联：发票联 购买方记账凭证

收款人：　　复核：　　开票人：王明光　　销售方：（章）

表 2-24

3100144130

上海增值税专用发票

抵扣联

No 22000312

开票日期：2016 年 06 月 11 日

税总函〔2014〕×××号×××××公司

购买方	名　　　称：黄河有限责任公司 纳税人识别号：330602002234678 地 址 、电 话：东海市解放街 208 号　0136-3133666 开户行及账号：工商银行东海紫荆分理处 18010011220010088				密码区	（略）	
货物或应税劳务、服务名称	规格型号	单位	数量	单价	金　额	税率 17%	税　额
钢材	A 型	千克	15 000	50.00	750 000.00	17%	127 500.00
价税合计（大写）	⊗捌拾柒万柒仟伍佰元整				（小写）￥877 500.00		
销售方	名　　　称：上海长江有限责任公司 纳税人识别号：310802002268152 地 址 、电 话：上海市人民路 166 号　021-52560789 开户行及账号：工商银行上海分行 020100100560100268				备注	上海长江有限责任公司 310802002268152 发票专用章	

收款人：　　　复核：　　　开票人：王明光　　　销售方：（章）

表 2-25

3100143230

上海增值税专用发票

发票联

No 22000678

开票日期：2016 年 06 月 11 日

税总函〔2014〕×××号×××××公司

购买方	名　　　称：黄河有限责任公司 纳税人识别号：330602002234678 地 址 、电 话：东海市解放街 208 号　0136-3133666 开户行及账号：工行东海紫荆分理处 18010011220010088				密码区	（略）	
货物或应税劳务、服务名称	规格型号	单位	数量	单价	金　额	税率 11%	税　额
运费					5 700.00	11%	627.00
价税合计（大写）	⊗陆仟叁佰贰拾柒元整				（小写）￥6 327.00		
销售方	名　　　称：上海货物运输公司 纳税人识别号：310805001372564 地 址 、电 话：上海市中山路 166 号　021-52560999 开户行及账号：工行上海分行 020100100560187654				备注	起运地：上海 到达地：东海 车种车号： 运输货物：钢材 15 000 千克 上海货物运输公司 发票专用章	

收款人：　　　复核：　　　开票人：王明光　　　销售方：（章）

表 2-26

上海增值税专用发票

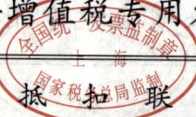

3100143230

抵 扣 联

No22000678

开票日期：2016 年 06 月 11 日

| 购买方 | 名　　称：黄河有限责任公司
纳税人识别号：330602002234678
地　址、电话：东海市解放街 208 号　0136-3133666
开户行及账号：工行东海紫荆分理处 180100112200100888 | | | | | 密码区 | （略） | |

货物或应税劳务、服务名称	规格型号	单位	数量	单价	金　额	税率	税　额
运费					5 700.00	11％	627.00
价税合计（大写）			⊗陆仟叁佰贰拾柒元整			（小写）￥6 327.00		

| 销售方 | 名　　称：上海货物运输公司
纳税人识别号：310805001372564
地　址、电话：上海市中山路 166 号　021-52560999
开户行及账号：工行上海分行　020100100560187654 | 备注 | 起运地：上海
到达地：东海
车种车号：沪 650645
运输货物：钢材 15 000 千克 |

收款人：　　　　复核：　　　　开票人：王明光　　　　销售方：（章）

表 2-27

收 料 单

材料科目：原材料

编号：003

材料类别：原料及主要材料

收料仓库：2 号仓库

供应单位：上海长江有限责任公司　　　　2016 年 06 月 11 日　　　　发票号码：003217

材料编号	材料名称	规格	计量单位	数　量		实际价格			
				应收	实收	单价	发票金额	运费	合　计
001	钢材	A 型	千克	15 000	15 000	50	750 000	5 700	755 700
备　注									

采购员：张一凡　　　检验员：赵安康　　　记账员：　　　保管员：李大海

【业务 9】 6 月 11 日，向东海粮食机械有限公司购入蒸锅一台。原始凭证如表 2-28～表 2-31 所示。

表 2-28

3300144130

东海增值税专用发票

发 票 联

No00540002

开票日期：2016 年 06 月 11 日

购买方	名 称：黄河有限责任公司 纳税人识别号：330602002234678 地址、电话：东海市解放街 208 号 0136-3133666 开户行及账号：工商银行东海紫荆分理处 180100112200100888	密码区	（略）

货物或应税劳务、服务名称	规格型号	单位	数量	单 价	金 额	税率	税 额
蒸锅		台	1	50 000.00	50 000.00	17％	8 500.00

价税合计（大写）	⊗伍万捌仟伍佰元整	（小写）￥58 500.00

销售方	名 称：东海市粮食机械有限公司 纳税人识别号：330601001118888 地址、电话：东海市大众街 345 号 0136-3133888 开户行及账号：工商银行东海分行 180100110220005666	备注

收款人： 复核： 开票人：卢欣 销售方：（章）

表 2-29

3300144130

东海增值税专用发票

抵 扣 联

No00540002

开票日期：2016 年 06 月 11 日

购买方	名 称：黄河有限责任公司 纳税人识别号：330602002234678 地址、电话：东海市解放街 208 号 0136-3133666 开户行及账号：工商银行东海紫荆分理处 180100112200100888	密码区	（略）

货物或应税劳务、服务名称	规格型号	单位	数量	单 价	金 额	税率	税 额
蒸锅		台	1	50 000.00	50 000.00	17％	8 500.00

价税合计（大写）	⊗伍万捌仟伍佰元整	（小写）￥58 500.00

销售方	名 称：东海市粮食机械有限公司 纳税人识别号：330601001118888 地址、电话：东海市大众街 345 号 0136-3133888 开户行及账号：工商银行东海分行 180100110220005666	备注

收款人： 复核： 开票人：卢欣 销售方：（章）

表 2-30   固定资产入库单

收货单位：黄河有限责任公司   2016 年 06 月 11 日   编号：0601

类别	编号	资产名称	数量	原值	月摊销额	使用年限	累计已摊销额	净值	所在地	入账原因
机器	0601	蒸锅	1	50 000	833.33	5 年	0	50 000	一车间	购入

财务负责人：王大平   经办人：李志东

表 2-31   转账支票存根

中国工商银行（东）
转账支票存根
Ⅻ 00105455

科　　　目　_____
对方科目　_____
出票日期　2016 年 06 月 11 日

收款人：	东海市粮食机械有限公司
金　额：	58 500.00
用　途：	付购入蒸锅款
备　注：	

单位主管   会计
复　核   记账

【业务 10】 6 月 11 日，向万泉市福源公司销售货物，款项收到，货物自提。原始凭证如表 2-32 和表 2-33 所示。

表 2-32   东海增值税专用发票

3300144130

此联不作报销、扣税凭证使用   开票日期：2016 年 06 月 11 日

No 22000004

第一联：记账联 销售方记账凭证

购买方	名　　称：万泉福源有限责任公司 纳税人识别号：560801001782249 地址、电话：万泉市丁山路 28 号 0138-67078680 开户行及账号：工商银行万泉分行 510200620836083628				密码区		(略)	
货物或应税劳务、服务名称	规格型号	单位	数量	单价	金　额	税率	税　额
甲产品		件	600	780.00	468 000.00	17%	79 560.00
乙产品		件	800	500.00	400 000.00	17%	68 000.00
价税合计(大写)	⊗壹佰零壹万伍仟伍佰陆拾元整				(小写)￥1 015 560.00		
销售方	名　　称：黄河有限责任公司 纳税人识别号：330602002234678 地址、电话：东海市解放街 208 号 0136-3133666 开户行及账号：工商银行东海紫荆分理处 180100112200100888				备注			

收款人：   复核：   开票人：许月宏   销售方：(章)

· 28 ·

表 2-33

中国工商银行进账单（收账通知）

2016 年 06 月 11 日 　　　　　　第　号

<table>
<tr><td rowspan="3">付款人</td><td>全　称</td><td>万泉福源有限责任公司</td><td rowspan="3">收款人</td><td>全　称</td><td colspan="10">黄河有限责任公司</td></tr>
<tr><td>账　号</td><td>510200620836083628</td><td>账　号</td><td colspan="10">180100112200100888</td></tr>
<tr><td>开户银行</td><td>工商银行万泉分行</td><td>开户银行</td><td colspan="10">工商银行工商银行东海
紫荆分理处</td></tr>
<tr><td rowspan="2">人民币
（大写）</td><td colspan="2" rowspan="2">壹佰零壹万伍仟伍佰陆拾元整</td><td colspan="2"></td><td>千</td><td>百</td><td>十</td><td>万</td><td>千</td><td>百</td><td>十</td><td>元</td><td>角</td><td>分</td></tr>
<tr><td colspan="2"></td><td colspan="2">￥1</td><td>0</td><td>1</td><td>5</td><td>5</td><td>6</td><td>0</td><td>0</td><td>0</td></tr>
<tr><td></td><td>票据种类</td><td>转账支票</td><td colspan="11" rowspan="2"></td></tr>
<tr><td></td><td>票据张数</td><td>1 张</td></tr>
<tr><td colspan="3"></td><td colspan="11">工商银行
东海分行
2016.06.11
转
收款人开户行盖章</td></tr>
<tr><td colspan="3">单位主管：　　会计：　　复核：　　记账：</td><td colspan="11"></td></tr>
</table>

此联是持票人开户银行交给持票人的收账通知

【业务 11】 6 月 13 日，银行转来"异地托收承付部分拒绝付款理由书"。原始凭证如表 2-34 所示。

表 2-34

　　　　　托收承付　　　　　全部　　　　　　　　　　代通知或
　　　　　　　　　　结算　　　　　　拒绝付款理由书（　　　　　　）　　4
　　　　　委托收款　　　　　部分　　　　　　　　　　收账通知

拒付日期　2016 年 06 月 13 日　　　原托收号码：

<table>
<tr><td rowspan="3">付款人</td><td>全　称</td><td colspan="2">东海泰山有限责任公司</td><td rowspan="3">收款人</td><td>全　称</td><td colspan="10">黄河有限责任公司</td></tr>
<tr><td>账　号</td><td colspan="2">150200683322006688</td><td>账　号</td><td colspan="10">180100112200100888</td></tr>
<tr><td>开户银行</td><td>工商银行
东海分行</td><td>行号 23225</td><td>开户银行</td><td colspan="7">工商银行东海
紫荆分理处</td><td colspan="3">行号 25123</td></tr>
<tr><td>托收
金额</td><td colspan="2">￥469 200.00</td><td>拒付
金额</td><td colspan="2">￥9 360.00</td><td>部分付
款金额</td><td>千</td><td>百</td><td>十</td><td>万</td><td>千</td><td>百</td><td>十</td><td>元</td><td>角</td><td>分</td></tr>
<tr><td></td><td colspan="2"></td><td></td><td colspan="2"></td><td></td><td>￥4</td><td>5</td><td>9</td><td>8</td><td>4</td><td>0</td><td>0</td><td>0</td><td></td><td></td></tr>
<tr><td>附寄
单证</td><td>张</td><td colspan="2">部分付款金额
（大写）</td><td colspan="3">肆拾伍万玖仟捌佰肆拾元整
东海泰山有
限责任公司
财务专用章　王正东印　胡晓敏印</td><td colspan="10">工商银行
东海分行
2016.06.13
转
讫</td></tr>
<tr><td colspan="4">拒付理由：
经验收甲产品短少 10 件。</td><td colspan="11">付款人盖章</td></tr>
</table>

此联银行给收款人作收账通知或全部拒付通知书

【业务 12】 6 月 14 日，缴纳上月应交未交增值税。原始凭证如表 2-35 所示。

表 2-35

中华人民共和国
税收通用缴款书

（032）海　　No1055806

隶属关系：其他企业
注册类型：股份有限公司　　填发日期：2016 年 06 月 14 日　　征收机关：东海市国家税务局直属分局

国缴电

缴款单位（人）	代　码	330602002234678		预算科目	编码	101010103
	全　称	黄河有限责任公司			名称	股份制企业增值税
	开户银行	工商银行东海紫荆分理处			级次	中央 50%，地方 50%
	账　号	18010011220010888		收款国库		东海市中心支库

税款所属时期	2016 年 5 月 1 日至 5 月 31 日		税款限缴日期		2016 年 6 月 15 日
品目名称	课税数量	计税金额或销售收入	税率或单位税额	已缴或扣除额	实缴金额
机械		700 000.00	17%		119 000.00
金额合计	（大写）壹拾壹万玖仟零佰零元零角零分			（小写）￥119 000.00	
缴款单位（人）（盖章）			上列款项已收妥并划转收款单位账户		
经办人（盖章）赵 星			国库（银行）盖章　　年　月　日		

逾期不缴按税法规定加收滞纳金

第一联（收据）　国库（银行）收款盖章后退缴款单位（人）作完税凭证

工商银行
东海分行
2016.06.14

【业务 13】 6 月 16 日，以自产机械设备 20 台作价 20 万元，与其他企业联合组建方正机械设备贸易公司，同类设备对外不含税售价为 1 万元/台，成本价 0.7 万元/台。黄河有限公司所占股份为 20%。原始凭证如表 2-36 所示。

表 2-36

东海增值税专用发票

3300144130

税总函〔2014〕××号×××公司

No22000003

此联不作报销、扣税凭证使用　　开票日期：2016 年 06 月 16 日

购买方	名　　称：方正机械设备贸易公司	密码区	（略）
	纳税人识别号：330621000017982		
	地 址 、电 话：东海市沁春街 19 号　0136-4155868		
	开户行及账号：工商银行东海分行 250012293350005874		

货物或应税劳务、服务名称	规格型号	单位	数量	单　价	金　额	税率	税　额
机械设备		台	20	10 000.00	200 000.00	17%	34 000.00
价税合计（大写）	⊗贰拾叁万肆仟零佰零元零角零分				（小写）￥234 000.00		

销售方	名　　称：黄河有限责任公司	备注	
	纳税人识别号：330602002234678		黄河有限责任公司
	地 址 、电 话：东海市解放街 208 号　0136-3133666		330602002234678
	开户行及账号：工商银行东海紫荆分理处 18010011220010888		发票专用章

收款人：　　　　　复核：　　　　　开票人：陈晓庆　　　　　销售方：（章）

第一联：记账联　销售方记账凭证

提示：视同销售货物计税依据的确定。

视同销售应税货物应以同类产品对外加权平均售价为计税价格，没有同类产品对外售价的，应以组成计税价格计税。

组成计税价格＝成本×（1＋成本利润率）＋消费税税额。其中，非消费税应税产品的成本利润率统一为 10％，消费税应税产品的成本利润率由国家统一规定。

【业务 14】 6 月 17 日，收到前委托南海市包装用品公司加工的包装专用木箱，支付加工费和增值税税款。原始凭证如表 2-37～表 2-40 所示。

表 2-37 　　　转账支票存根

中国工商银行（东）
转账支票存根
ⅩⅡ 00105461

科　　目	
对方科目	
出票日期	2016 年 06 月 17 日

收款人	南海市包装用品公司
金　　额	35 100.00
用　　途	本箱加工费
备　　注	

单位主管　　　　会计
复　核　　　　记账

表 2-38

2800144130

南海增值税专用发票

No 28000362

发　票　联　　　　开票日期：2016 年 06 月 13 日

购买方	名　　　称：黄河有限责任公司		密码区	（略）	第三联：发票联 购买方记账凭证
	纳税人识别号：330602002234678				
	地址、电话：东海市解放街 208 号　0136-3133666				
	开户行及账号：工商银行东海紫荆分理处 180100112200100888				

货物或应税劳务、服务名称	规格型号	单位	数量	单价	金　额	税率	税　额
木箱加工费		只	5 000	6	30 000.00	17%	5 100.00

价税合计（大写）	⊗叁万伍仟壹佰元整	（小写）¥ 35 100.00

销售方	名　　　称：南海市包装用品公司	备注
	纳税人识别号：280602002231712	
	地址、电话：南海市大桥路 32 号　0138-3263137	
	开户行及账号：工商银行南海分行 180100112200200415	

收款人：　　　　复核：　　　　开票人：李小敏　　　　销售方：（章）

税总函〔2014〕××号×××公司

表 2-39
2800144130

南海增值税专用发票

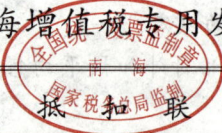

抵扣联

No 28000362

开票日期：2016 年 06 月 13 日

购买方	名　　　称：黄河有限责任公司 纳税人识别号：330602002234678 地址、电话：东海市解放街 208 号　0136-3133666 开户行及账号：工商银行东海紫荆分理处 180100112200100888					密码区	（略）	

货物或应税劳务、服务名称	规格型号	单位	数量	单价	金　额	税率	税　额
木箱加工费		只	5 000	6	30 000.00	17%	5 100.00

价税合计（大写）	⊗叁万伍仟壹佰元整	（小写）￥35 100.00

销售方	名　　　称：南海市包装用品公司 纳税人识别号：280602002231712 地址、电话：南海市大桥路 32 号 0138-3263137 开户行及账号：工商银行南海分行 180100112200200415	备注

收款人：　　　　复核：　　　　开票人：李小敏　　　　销售方：（章）

表 2-40

委托加工收料单

材料科目：周转材料　　　　　　　　　　　　　　　　　　编号：014

材料类别：包装物　　　　　　　　　　　　　　　　　　　收料仓库：1 号仓库

加工单位：市包装用品公司　　　2016 年 06 月 17 日　　　发票号码：003321

材料编号	材料名称	规格	计量单位	数量		实际成本			
				应收	实收	材料成本	加工费	运费	合　计
008	木箱		只	5 000	5 000	45 000	30 000		75 000
备　注	木箱加工完毕，验收入库								

采购员：　　　　检验员：赵安康　　　　记账员：　　　　保管员：王明

【业务 15】　6 月 18 日，向大东公司销售生产用多余材料，款项收到。原始凭证如表 2-41 和表 2-42 所示。

表 2-41

3300144130

东海增值税专用发票

此联不作报销、扣税凭证使用　　开票日期：2016 年 06 月 18 日

№22000006

税总函[2014]××号×××公司

购买方	名　　　称：东海大东有限责任公司 纳税人识别号：330601001692754 地址、电话：东海市天城工业区 8 号　0136-3105690 开户行及账号：工商银行东海分行 180208062600369378	密码区	（略）

货物或应税劳务、服务名称	规格型号	单位	数量	单价	金　额	税率	税　额
A 材料		千克	1 000	55.00	55 000.00	17%	9 350.00

价税合计（大写）	⊗陆万肆仟叁佰伍拾元整	（小写）¥64 350.00

销售方	名　　　称：黄河有限责任公司 纳税人识别号：330602002234678 地址、电话：东海市解放街 208 号　0136-3133666 开户行及账号：工商银行东海紫荆分理处 180100112200100888	备注

收款人：　　　　复核：　　　　开票人：许月宏　　　　销售方：（章）

表 2-42

中国工商银行进账单（收账通知）　1

2016 年 06 月 18 日　　　　　　　　第　　号

付款人	全　称	东海大东有限责任公司	收款人	全　称	黄河有限责任公司
	账　号	180208062600369378		账　号	180100112200100888
	开户银行	工商银行东海分行		开户银行	工商银行东海紫荆分理处

人民币（大写）	陆万肆仟叁佰伍拾元整	千	百	十	万	千	百	十	元	角	分
				¥6	4	3	5	0	0	0	0

票据种类	转账支票
票据张数	1 张

工商银行
东海分行
2016.06.18
转讫

单位主管：　　会计：　　复核：　　记账：　　　　收款人开户行盖章

· 33 ·

【业务 16】 6 月 19 日,向东海市万盛贸易公司销售货物,款项未收。原始凭证如表 2-43 所示。

表 2-43
3300144130

东海增值税专用发票

付款条件:2/10;1/20;n/30

No 22000007

此联不作报销、扣税凭证使用　　开票日期:2016 年 06 月 19 日

购买方	名　　称:万盛贸易有限责任公司 纳税人识别号:330602002235891 地址、电话:东海市延安街 108 号　0136-3106980 开户行及账号:工商银行东海分行 1801001100022001019				密码区		（略）	
货物或应税劳务、服务名称	规格型号	单位	数量	单价	金　额	税率	税　额
甲产品		件	800	800.00	640 000.00	17%	108 800.00
价税合计(大写)		⊗柒拾肆万捌仟捌佰元整				(小写)￥748 800.00	
销售方	名　　称:黄河有限责任公司 纳税人识别号:330602002234678 地址、电话:东海市解放街 208 号　0136-3133666 开户行及账号:工商银行东海紫荆分理处 1801001122001000888				备注			

收款人:　　　　复核:　　　　开票人:许月宏　　　　销售方:(章)

提示:开出增值税专用发票,即实现销售。

销售货物开出增值税专用发票,即实现销售,纳税人应及时进行销售业务的账务处理。

【业务 17】 6 月 23 日,向东海市泰山公司销售货物,办妥托运手续,运费由本公司负担,并办妥货款托收手续。原始凭证如表 2-44～表 2-48 所示。

表 2-44　　　　转账支票存根

中国工商银行　(东)

转账支票存根

Ⅻ　00105465

科　　目 _____

对方科目 _____

出票日期　2016 年 06 月 23 日

收款人:东海货运有限责任公司
金　额：1 554.00
用　途：运费
备　注：

单位主管　　　　会计

复　核　　　　记账

表 2-45

3300143230

东海增值税专用发票

发 票 联

No 28000756

开票日期：2016 年 06 月 23 日

购买方	名　　称：黄河有限责任公司 纳税人识别号：330602002234678 地址、电话：东海市解放街 208 号　0136-3133666 开户行及账号：工行东海紫荆分理处 180100112200100888					密码区	（略）	

货物或应税劳务、服务名称	规格型号	单位	数量	单价	金　额	税率	税　额
运费					1 400.00	11%	154.00

价税合计（大写）	⊗壹仟伍佰伍拾肆元整	（小写）￥1 554.00

销售方	名　　称：东海货运有限责任公司 纳税人识别号：330602002272864 地址、电话：东海市大桥路 67 号　0136-3263765 开户行及账号：工行东海分　180100112200265432	备注	起运地：东海 到达地：东海 车种车号：货车浙 A23450 运输货物：甲产品 1 500 件， 乙产品 1 000 件

收款人：　　　　复核：　　　　开票人：李三敏　　　　销售方：（章）

表 2-46

3300143230

东海增值税专用发票

抵 扣 联

No 28000756

开票日期：2016 年 06 月 23 日

购买方	名　　称：黄河有限责任公司 纳税人识别号：330602002234678 地址、电话：东海市解放街 208 号　0136-3133666 开户行及账号：工行东海紫荆分理处 180100112200100888					密码区	（略）	

货物或应税劳务、服务名称	规格型号	单位	数量	单价	金　额	税率	税　额
运费					1 400.00	11%	154.00

价税合计（大写）	⊗壹仟伍佰伍拾肆元整	（小写）￥1 554.00

销售方	名　　称：东海货运有限责任公司 纳税人识别号：330602002272864 地址、电话：东海市大桥路 67 号　0136-3263765 开户行及账号：工行东海分　180100112200265432	备注	起运地：东海 到达地：东海 车种车号：货车浙 A23450 运输货物：甲产品 1 500 件， 乙产品 1 000 件

收款人：　　　　复核：　　　　开票人：李三敏　　　　销售方：（章）

表 2-47

3300144130

东海增值税专用发票

此联不作报销、扣税凭证使用　　开票日期：2016 年 06 月 23 日

№22000009

购买方	名　称：东海泰山有限责任公司 纳税人识别号：330601001112248 地址、电话：东海市人民路 17 号　0136-2778086 开户行及账号：工商银行东海分行 150200683322006688					密码区	（略）	

货物或应税劳务、服务名称	规格型号	单位	数量	单价	金　额	税率	税　额
甲产品		件	1 500	800.00	1 200 000.00	17％	204 000.00
乙产品		件	1 000	500.00	500 000.00	17％	85 000.00

价税合计（大写）	⊗壹佰玖拾捌万玖仟元整	（小写）￥1 989 000.00

销售方	名　称：黄河有限责任公司 纳税人识别号：330602002234678 地址、电话：东海市解放街 208 号　0136-3133666 开户行及账号：工商银行东海紫荆分理处 180100112200100888	备注

收款人：　　　　复核：　　　　开票人：许月宏　　　　销售方：（章）

表 2-48

托收承付　凭证（回单）　1

托收号码：№2387567

委托日期　2016 年 06 月 23 日

电

	付款人	全　称	东海泰山有限责任公司	收款人	全　称	黄河有限责任公司		
		账号或地址	150200683322006688		账　号	180100112200100888		
		开户银行	工商银行东海分行		开户银行	工商银行东海紫荆分理处	行号	25123

托收金额	人民币 （大写）	壹佰玖拾捌万玖仟元整	千	百	十	万	千	百	十	元	角	分
			￥	1	9	8	9	0	0	0	0	0

	附　件	商品发运情况	合同名称号码
附寄单证张数或册数	2 张	于 2016 年 6 月 23 日发出	

备注：	款项收妥日期	收款人开户银行盖章
电划	年　月　日	年　月　日

单位主管：　　　　会计：　　　　复核：　　　　记账：

【业务 18】 6 月 28 日,收到本月 19 日销售万盛贸易有限公司销货款。原始凭证如表 2-49 所示。

表 2-49

中国工商银行 进账单（收账通知）

2016 年 06 月 28 日　　　　　　　　　第　号

付款人	全 称	东海万盛贸易有限公司	收款人	全 称	黄河有限责任公司											此联是持票人开户银行交给持票人的收账通知
	账 号	280602002235891		账 号	1801001122001 00888											
	开户银行	工商银行东海分行		开户银行	工商银行东海紫荆分理处											

人民币（大写）	柒拾叁万陆仟元整	千	百	十	万	千	百	十	元	角	分
			￥	7	3	6	0	0	0	0	0

票据种类	转账支票
票据张数	1 张

本月 19 日甲产品销货款 748 800 元,扣除现金折扣 12 800 元后收回。

工商银行
东海分行
2016.06.28
转讫

收款人开户行盖章

单位主管:　　会计:　　复核:　　记账:

【业务 19】 6 月 30 日,仓库送来材料盘点报告单。原始凭证如表 2-50 和表 2-51 所示。

表 2-50

材料盘点溢（缺）报告单

库号:2　　　　　　　　　2016 年 06 月 30 日

名称	规格型号	单位	单价	账面数	实有数	盘盈数		盘亏数		盈亏原因
						数量	金额	数量	金额	
A 材料		千克	50.2					20	1 004	合理损耗

审批意见	列管理费用　　　　李林

部门主管:　　　　保管员: 李大海 　　　　复查人: 赵安康

表 2-51

材料盘点损失报告单

库号:1　　　　　　　　　2016 年 06 月 30 日

名称	规格型号	单位	单价	账面数	实有数	损失数		损失原因
						数量	金 额	
B 材料		千克				100	3 050.00	管理不当意外损失
进项税额		元					518.50	
合 计							3 568.50	
审批意见	报废部分,仓库保管员赔偿 40%,其余作企业损失处理　　李林							

部门主管:　　　　保管员: 王明 　　　　复查人: 赵安康

提示：进项税额抵扣原则。

（1）对应抵扣原则：如果外购货物最终不能形成销项税额，则其进项税额不得抵扣。

（2）凭票抵扣原则：外购货物必须取得合法的增值税专用发票或合法的农产品收购凭证、运输费发票、进口海关增值税缴纳凭证，否则不得抵扣进项税额。

（3）限额抵扣原则：当期可抵扣进项税额的最大金额不得超过当期的销项税额，超过部分留抵到下期抵扣。

（4）认证抵扣原则：纳税人外购货物取得专用发票抵扣联需经税务机关认证通过后才能计算抵扣进项税额。

3. 增值税应纳税额汇总

增值税应纳税额汇总计算表，见表2-52。

提示：税率应用规律。

（1）价外费用收入适用税率与对应货物的适用税率相同。

（2）应税包装物押金收入适用税率与所包装货物适用的税率相同。

（3）加工费收入适用税率，一般纳税人17％，小规模纳税人3％。

（4）混合核算，征税率就高不就低，退税率就低不就高。

表2-52 　　　　　　　　增值税应纳税额汇总计算表
年 月 日

项目			计税销售额	销项税额	记账凭证	发票类型
	货物、服务名称	适用税率				
销项税额	应税货物					
	简易办法计税应纳税额					

项 目		计税 销售额	销项 税额	记账 凭证	发票 类型
货物、服务名称	适用税率				
进项税额	本期进项税发生额					
	小　计					

进项税额转出	扣除率	计税金额	进项税转出	记账凭证	用途
小　计					

按适用税率计算 应纳增值税税额	
实际应纳 增值税税额	

会计主管：　　　　　　　　　　　　　　　　　　　　　填表人：

实训 2.2 　增值税纳税申报

一、能力目标

1. 能填制增值税纳税申报表附表资料。
2. 能填制增值税纳税申报表。

二、实训成果

1. 增值税纳税申报表附表一和附表二。
2. 增值税纳税申报表。

三、任务描述

根据实训 2.1 相关的相关原始凭证，填制增值税纳税申报表附列资料。

四、实训条件

在税务实训室进行训练，提供一般纳税人增值税纳税申报表、附表、通用税收缴款书。

五、实训材料

1. 实训 2.1 中的原始凭证。
2. 增值税纳税申报表相关附表（见表 2-53～表 2-55）。
3. 增值税纳税申报表（见表 2-56）。

表2-53

增值税纳税申报表附列资料（一）
（本期销售情况明细）

纳税人名称：（公章）

税款所属时间： 年 月 日至 月 日

金额单位：元至角分

项目及栏次		栏次	开具税控增值税专用发票 销售额	销项（应纳）税额	开具其他发票 销售额	销项（应纳）税额	未开具发票 销售额	销项（应纳）税额	纳税检查调整 销售额	销项（应纳）税额	合计 销售额	合计 销项（应纳）税额	价税合计	应税服务扣除项目 本期实际扣除金额	扣除后 含税（免税）销售额	扣除后 销项（应纳）税额
			1	2	3	4	5	6	7	8	9=1+3+5+7	10=2+4+6+8	11=9+10	12	13=11-12	14=13÷(100%+税率或征收率)×税率或征收率
一般计税方法计税	全部征税项目	17%税率的货物及加工修理修配劳务	1												—	—	—
		17%税率的服务、不动产和无形资产	2											—	—	—	—
		13%税率	3	—										—	—	—	—
		11%税率	4	—	—									—	—	—	—
		6%税率	5	—	—									—	—	—	—
	即征即退项目 其中：即征即退货物及加工修理修配劳务		6	—	—	—	—	—	—	—	—	—	—	—	—	—	—
	即征即退服务、不动产和无形资产		7	—	—	—	—	—	—	—	—	—	—	—	—	—	—

（第三页，共三页）

项目及栏次		栏次	开具税控增值税专用发票		开具其他发票		未开具发票		纳税检查调整		合计			应税服务扣除项目	扣除后	
			销售额	销项(应纳)税额	销售额	销项(应纳)税额	销售额	销项(应纳)税额	销售额	销项(应纳)税额	销售额	销项(应纳)税额	价税合计	本期实际扣除金额	含税(免税)销售额	销项(应纳)税额
			1	2	3	4	5	6	7	8	9=1+3+5+7	10=2+4+6+8	11=9+10	12	13=11−12	14=13÷(100%+税率或征收率)×税率或征收率
二、简易计税方法计税	全部征税项目	6%征收率	8													
		5%征收率的货物及加工修理修配劳务	9a											—	—	—
		5%征收率的服务、不动产和无形资产	9b													
		4%征收率	10											—	—	—
		3%征收率的货物及加工修理修配劳务	11											—	—	—
		3%征收率的服务、不动产和无形资产	12													
		预征率 ___%	13a											—	—	—
		预征率 ___%	13b											—	—	—
		预征率 ___%	13c											—	—	—
	其中：即征即退项目	即征即退货物及加工修理修配劳务	14											—	—	—
		即征即退服务、不动产和无形资产	15													
三、免抵退税		货物及加工修理修配劳务	16		—		—		—		—		—	—	—	—	—
		服务、不动产和无形资产	17		—		—		—		—		—	—		—	—
四、免税		货物及加工修理修配劳务	18		—		—		—		—		—	—	—	—	—
		服务、不动产和无形资产	19		—		—		—		—		—	—		—	—

表 2-54　　　　　　　　　　**增值税纳税申报表附列资料（二）**

（本期进项税额明细）

税款所属时间：　　　年　月　日至　　　年　月　日

纳税人名称：（公章）　　　　　　　　　　　　　　　　金额单位：元（列至角分）

一、申报抵扣的进项税额				
项　目	栏　次	份数	金额	税额
（一）认证相符的增值税专用发票	1＝2＋3			
其中：本期认证相符且本期申报抵扣	2			
前期认证相符且本期申报抵扣	3			
（二）其他扣税凭证	4＝5＋6＋7＋8			
其中：海关进口增值税专用缴款书	5			
农产品收购发票或者销售发票	6			
代扣代缴税收缴款凭证	7		—	
其他	8			
（三）本期用于购建不动产的扣税凭证	9	—	—	—
（四）本期不动产允许抵扣进项税额	10	—	—	
（五）外贸企业进项税额抵扣证明	11			
当期申报抵扣进项税额合计	12＝1＋4－9＋10＋11			
二、进项税额转出额				
项　目	栏　次	税　额		
本期进项税转出额	13＝14至23之和			
其中：免税项目用	14			
集体福利、个人消费	15			
非正常损失	16			
简易计税方法征税项目用	17			
免抵退税办法不得抵扣的进项税额	18			
纳税检查调减进项税额	19			
红字专用发票通知单注明的进项税额	20			
上期留抵税额抵减欠税	21			
上期留抵税额退税	22			
其他应作进项税额转出的情形	23			
三、待抵扣进项税额				
项　目	栏　次	份数	金额	税额
（一）认证相符增值税专用发票	24	—	—	—
期初已认证相符但未申报抵扣	25			
本期认证相符且本期未申报抵扣	26			
期末已认证相符但未申报抵扣	27			
其中：按照税法规定不允许抵扣	28			
（二）其他扣税凭证	29＝30至33之和			
其中：海关进口增值税专用缴款书	30			
农产品收购发票或者销售发票	31			
代扣代缴税收缴款凭证	32		—	
其他	33			
	34			
四、其他				
项　目	栏　次	份数	金额	税额
本期认证相符的税控增值税专用发票	35			
代扣代缴税额	36	—	—	

表 2-55　　　　　　　　　固定资产（不含不动产）进项税额抵扣情况表

纳税人识别号：　　　　　　　　　　　　　　　　　纳税人名称：（公章）

填表日期：　年　月　日　　　　　　　　　　　　金额单位：元（列至角分）

项　目	当期申报抵扣的固定资产进项税额	当期申报抵扣的固定资产进项税额累计
增值税专用发票		
海关进口增值税专用缴纳书		
合　计		

注：本表一式两份，一份纳税人留存，一份主管税务机关留存。

表 2-56　　　　　　　　　　　增值税纳税申报表

（一般纳税人适用）

根据国家税收法律法规及增值税相关规定制定本表。纳税人不论有无销售额，均应按税务机关核定的纳税期限填写本表，并向当地税务机关申报。

税款所属时间：自　　年　月　日至　　年　月　日　　填表日期：　　年　月　日

纳税人识别号											所属行业：制造业			
纳税人名称	（公章）		法定代表人姓名		注册地址			营业地址					
开户银行及账号			企业登记注册类型					电话号码					

项　目		栏　次	一般项目		即征即退项目	
			本月数	本年累计	本月数	本年累计
销售额	（一）按适用税率计税销售额	1				
	其中：应税货物销售额	2				
	应税劳务销售额	3				
	纳税检查调整的销售额	4				
	（二）按简易办法计税销售额	5				
	其中：纳税检查调整的销售额	6				
	（三）免、抵、退办法出口销售额	7			—	—
	（四）免税销售额	8			—	—
	其中：免税货物销售额	9			—	—
	免税劳务销售额	10			—	—
税款计算	销项税额	11				
	进项税额	12				
	上期留抵税额	13		—		—
	进项税额转出	14				
	免、抵、退应退税额	15			—	—
	按适用税率计算的纳税检查应补缴税额	16				
	应抵扣税额合计	17＝12＋13－14－15＋16		—		—

项 目		栏 次	一般项目		即征即退项目	
			本月数	本年累计	本月数	本年累计
税款计算	实际抵扣税额	18(如17<11,则为17,否则为11)				
	应纳税额	19＝11－18				
	期末留抵税额	20＝17－18			—	—
	简易计税办法计算的应纳税额	21				
	按简易计税办法计算的纳税检查应补缴税额	22			—	—
	应纳税额减征额	23				
	应纳税额合计	24＝19＋21－23				
税款缴纳	期初未缴税额(多缴为负数)	25				
	实收出口开具专用缴款书退税额	26				
	本期已缴税额	27＝28＋29＋30＋31				
	① 分次预缴税额	28			—	—
	② 出口开具专用缴款书预缴税额	29			—	—
	③ 本期缴纳上期应纳税额	30				
	④ 本期缴纳欠缴税额	31				
	期末未缴税额(多缴为负数)	32＝24＋25＋26－27				
	其中：欠缴税额(≥0)	33＝25＋26－27			—	—
	本期应补(退)税额	34＝24－28－29			—	—
	即征即退实际退税额	35	—	—		
	期初未缴查补税额	36			—	—
	本期入库查补税额	37			—	—
	期末未缴查补税额	38＝16＋22＋36－37				

授权声明	如果你已委托代理人申报,请填写下列资料。 　　为代理一切税务事宜,现授权 （地址）　　　　　　为本纳税人的代理申报人,任何与本申报表有关的往来文件,都可寄予此人。 　　　　　　　　　　授权人签字：	申报人声明	本纳税申报表是根据国家税收法律法规及相关规定填报的,我确定它是真实的、可靠的、完整的。 　　　　　声明人签字：

主管税务机关：　　　　　　　　接收人：　　　　　　　　接收日期：

实训2.3 增值税会计核算

一、能力目标

能进行增值税的会计处理。

二、实训成果

1. 增值税业务的相关记账凭证。
2. "应交税费——应交增值税"明细账。

三、任务描述

1. 根据黄河有限责任公司6月的经济业务原始凭证编制增值税相关的记账凭证。
2. 根据相关的记账凭证登记增值税专用明细账。

四、实训条件

在税务实训室进行训练,提供相关业务的原始凭证、记账凭证、多栏式增值税专用明
细账页。

五、实训材料

1. 实训2.1和实训2.2的资料。
2. 多栏式增值税专用明细账页(见表2-57)。

表 2-57

"应交税费——应交增值税"明细账

总第 页
分第 页

2011年		凭证号数	摘要	借 方						贷 方				余 额
月	日			合计	进项税额	已交税金	减免税款	出口抵减内销产品应纳税额	合计	销项税额	出口退税	进项税额转出		

实训 2.4 增值税出口退税

一、能力目标

1. 能用"免、抵、退"方法计算增值税应免抵和应退的税款。
2. 会办理出口货物退（免）增值税工作，并进行会计处理。

二、实训成果

1. 出口货物增值税"免、抵、退"计算表。
2. 增值税"免、抵、退"业务的会计分录。

三、任务描述

1. 逐笔审核经济业务的原始凭证，连同实训 2.1 资料运用"免、抵、退"方法计算增值税应免、抵和应退的税款，填写"免、抵、退"计算表。
2. 对"免、抵、退"业务进行会计核算。

四、实训条件

在税务实训室进行训练，提供实训 2.1 黄河有限责任公司经济业务的原始凭证，出口货物相关原始凭证。

五、实训材料

假定黄河有限责任公司在实训 2.1 经济业务的基础上，发生了甲产品出口美国业务，采用"免、抵、退"业务，出口退税税率为 11%。相关原始凭证如表 2-58～表 2-63 所示。

提示：退免税办法适用范围。

"免、抵、退"办法主要适用于自营和委托出口自产货物的生产性企业，"先征后退"办法主要适用于收购货物出口的外（工）贸企业。

表 2-58   银行贷记通知书

CREDIT ADVICE

中国工商银行贷记通知书

DATE(日期)：2016.06.21   OUR NO. (我方编号)：45128062345876543F

VCHSET(检票套号)：0370   THEIR NO. (汇款编号)：1411210467329

BENEFICIARY(收益人)：黄河有限责任公司

ATM(汇款金额)：USD100 000

NET AMT(入账金额)：615 000

FEE AMT(扣费金额)：@已从贵公司扣除

无兑换手续费

　　邮电费

FROM(发报行)：AEIBUS33XXX AMERICAN EXQRESS

BANK,LTD.

　　(汇出行)：AEIBUS33

REMITTER(汇款人)：ASPERSORES DE CAL IOAO＊＊GOL

收支中报号码：33132109837645321784930

银行签章：

（印章：工商银行 东海分行 2016.06.21 转讫）

表 2-59   出口货物销售发票

浙江省出口货物销售统一发票
ZHEJIANG EXPORT SALES UNIFORM INVOICE

出口专用

记 账 联
COUNTERFOIL

发票代码 133100078765
发票号码 00058765
合同号码
Contract No. 09234004321
日期
Date：2016.06.21

装船口岸 东海
From

目的地 美国
To

信用证号数　0934587645128765
Letter of Credit No.

开户银行 工商银行东海分行
Issued by

唛号 Marks & Nos	货名数量 Quantities and Descriptions	单价 Unit Price	总值 Amount
甲产品	1 000	USD100 USD＝RMB6.15	USD100 000

开票单位(盖章)黄河有限责任公司   开票人：杨伟霞

（印章：黄河有限责任公司 330602002234678 发票专用章）

表 2-60

中华人民共和国海关出口货物报关单

预录入编号： 　　　　　　　　　　海关编号：

收发货人 黄河有限责任公司	出口口岸		出口日期 2016.06.21	申报日期 2016.06.21
经营单位 黄河有限责任公司	运输方式 江海运输		运输工具名称 BUEKCY110/653	提运单号 KHCLB236345
申报单位 东海联合国际物流有限公司	监管方式 一般贸易		征免性质 一般征税	备案号
贸易国（地区） 美国	运抵国（地区） 美国		指运港 美国旧金山	境内货源地 东海
许可证号	成交方式	运费	保费	杂费
合同协议号 09234004321	件数 60	包装种类 木箱	毛重（千克） 3 190	净重（千克） 2 750
集装箱号	随附单据		生产厂家	
标记唛码及备注				

项号	商品编号	商品名称、规格型号	数量及单位	原产国（地区）	单价	总价	币制	征免
		甲产品	1 000 件	美国	USD100	100 000	美元	照章征税

特殊关系确认：	价格影响确认：	支付特许权使用费确认：	
录入员　　　录入单位	兹申明对以上内容承担如实申报、依法纳税之法律责任	海关批注及签章 验讫章	
报关人员	申报单位（签章）		

表 2-61　　　　　　　中华人民共和国海关出口货物报关单　　　　出口退税专用联

预录入编号：　　　　　　　　　　　　　　　　海关编号：

收发货人 黄河有限责任公司	出口口岸		出口日期 2016.06.21		申报日期 2016.06.21
经营单位 黄河有限责任公司	运输方式 江海运输		运输工具名称 BUEKCY110/653		提运单号 KHCLB236345
申报单位 东海联合国际物流有限公司	监管方式 一般贸易		征免性质 一般征税		备案号
贸易国（地区）	运抵国（地区） 美国		指运港 美国旧金山		境内货源地 东海
许可证号	成交方式	运费	保费		杂费
合同协议号 09234004321	件数 60	包装种类 木箱	毛重（千克） 3 190		净重（千克） 2 750
集装箱号	随附单据		生产厂家		
标记唛码及备注					

项号	商品编号	商品名称、规格型号	数量及单位	原产国（地区）	单价	总价	币制	征免
		甲产品	1 000 件	美国	USD100	100 000	美元	照章征税

特殊关系确认：　　　　价格影响确认：　　　　支付特许权使用费确认：

录入员　　录入单位	兹申明对以上内容承担如实申报、依法纳税之法律责任	海关批注及签章 验讫章
报关人员	申报单位（签章）	

· 51 ·

表 2-62 　　　　　　　　　　出口货物销售发票

浙江省出口货物销售统一发票
ZHEJIANG EXPORT SALES UNIFORM INVOICE

出口专用

发票代码 133100078765
发票号码 00058765
合同号码
Contract No. 09234004321
日期
Date：2016.06.21

退　税　联
COUNTERFOIL

| 装船口岸 From | 东海 | 目的地 To | 美国 |
| 信用证号数 Letter of Credit No. | 0934587645128765 | 开户银行 Issued by | 工商银行东海分行 |

唛号 Marks & Nos	货名数量 Quantities and Descriptions	单价 Unit Price	总值 Amount
甲产品	1 000	USD100 USD＝RMB6.15	USD100 000

330602002234678

开票单位：（盖章）黄河有限责任公司 　　　　　　　开票人：杨伟霞

提示："免、抵、退"办法的基本内涵。

该办法包括"免"、"抵"、"剔"、"退"四部分内容。

（1）"免"：指生产企业出口的自产货物，免征本企业生产销售环节增值税（销项税额）。

（2）"抵"：指生产企业出口自产货物所耗用的原材料、零部件、燃料、动力等所含应予以退还的进项税，抵顶内销货物的应纳税额。

（3）"剔"：剔除不得免抵的进项税额，即退税率比征税率低的部分。

（4）"退"：指生产企业出口的自产货物在当月应抵顶的进项税额大于应纳税额时，对未抵顶完的部分予以退税。

表 2-63

出口货物增值税"免、抵、退"计算表

年 月

	国内购进免税原材料价格	进料加工免税进口材料价格		
免税购进原材料价格		进口材料到岸价	海关实征关税	海关实征消费税
	1	2	3	4
	小计	小计	小计	小计
	5. 免税购进原材料价格＝1＋2＋3＋4			
当期不得免抵税额的计算	出口货物离岸价	外汇人民币汇率	法定税率	退税率
	6	7	8	9
	小计			
	10. 当期不得免抵税额＝(6×7－5)×(8－9)			
应纳税额的计算	当期内销货物销项税额	当期进项税额	进项税额转出	上期留抵税额
	11	12	13	14
	小计	小计	小计	小计
	15. 当期应纳税额＝11－(12－13－10)－14			
免抵退税额的计算	出口货物离岸价	外汇人民币汇率	退税率	
	16	17	18	19
	小计			
	20. 当期免抵退税额＝(16×17－5)×18			
当期应退税额确定	21. 当期期末留抵税额		22. 当期免抵退税额	
	当 21≤22 时，当期应退税额＝21		当 21＞22 时，当期应退税额＝22	
当期免抵税额或留于下期续抵税额的计算	23. 当期免抵税额＝22－21		23. 当期免抵税额＝0	
	24. 留于下期续抵税额＝0		24. 留于下期续抵税额＝21－22	

消费税计算申报与核算

实训 3.1 消费税税款计算

一、能力目标

1. 能判断哪些项目应征收消费税。
2. 会根据业务资料计算应纳消费税税额。

二、实训成果

消费税应纳税额汇总计算表。

三、任务描述

根据黄河宏大集团股份有限公司相关资料,计算 2016 年 11 月份应纳消费税税额。

四、实训条件

在税务实训室进行,黄河宏大集团股份有限公司基本情况、经济业务的原始凭证。

五、实训材料

1. 企业基本情况

黄河宏大集团股份有限公司,为增值税一般纳税人,按月缴纳增值税和消费税,执行《企业会计准则》,存货按实际成本计价核算。该公司的基本资料如下。

开户银行:中国工商银行东海市支行紫荆分理处

账号:180112200100666

纳税人识别号：330602002212345

主管国税机关：东海市国家税务局直属分局

主管地税机关：东海市地方税务局直属分局

经营地址：东海市和平街458号

电话：0136-3166333

注册资本：5 000万元人民币

法定代表人：张晓阳

财务主管：李森林

会计：赵红星

助理会计：张晓庆

出纳员：陈丽洁

职工人数：280人

2. 2016年11月涉税相关资料

【业务1】 11月2日，向本市春林百货公司销售成套高档化妆品，货款已收。原始凭证如表3-1和表3-2所示。

表3-1

3300151130

东海增值税专用发票

No 22000001

此联不作报销扣税凭证使用　开票日期：2016年11月02日

购买方	名　称：东海市春林百货公司 纳税人识别号：330601001112248 地址、电话：东海市中山路17号　0136-3778086 开户行及账号：工商银行东海分行 15020068332006688					密码区	（略）	
货物或应税劳务、服务名称	规格型号	单位	数量	单价	金　额	税率	税　额
高档化妆品		盒	1 000	200.00	200 000.00	17%	34 000.00
价税合计（大写）　⊗贰拾叁万肆仟元整					（小写）¥234 000.00		
销售方	名　称：黄河宏大集团股份有限公司 纳税人识别号：330602002212345 地址、电话：东海市和平街458号　0136-3166333 开户行及账号：工商银行东海紫荆分理处 180112200100666					备注		

收款人：　　　复核：　　　开票人：许月宏　　　销售方：（章）

第一联：记账联　销售方记账凭证

· 55 ·

表 3-2

中国工商银行 进账单（收账通知）

2016 年 11 月 02 日   第   号

付款人	全 称	春林百货公司	收款人	全 称	黄河宏大集团股份有限公司
	账 号	150200683322006688		账 号	180112200100666
	开户银行	工商银行中山分行		开户银行	工商银行东海紫荆分理处

人民币（大写）	贰拾叁万肆仟元整	千	百	十	万	千	百	十	元	角	分
			¥	2	3	4	0	0	0	0	0

票据种类	转账支票
票据张数	1 张

工商银行
东海分行
2016.11.02
转讫

收款人开户行盖章

单位主管：　　会计：　　复核：　　记账：

此联是持票人开户银行交给持票人的收账通知

【业务 2】 11 月 4 日，厂部决定给全厂的女职工每人发放一套高档化妆品。原始凭证如表 3-3 和表 3-4 所示。

提示：视同销售应税货物的计价办法。

视同销售应税货物应以同类产品对外加权平均售价为计税价格，没有同类产品对外售价的，应以组成计税价格计税。

组成计税价格＝成本×（1＋成本利润率）÷（1－消费税税率）

其中，成本利润率由国家统一规定。

表 3-3   **高档化妆品领用登记表**

部　门	数　量	领用人	备　注
办公室	1	王颖	以部门为单位领取，凡本公司在职女工每人一盒。
人力资源部	2	李英	
财务部	2	张明瑜	
综合部	3	李娜	
一车间	14	王小陆	
二车间	15	廖思奇	
销售部	3	蔡保安	
合　计	40		

批准：张晓阳   制单：张晓庆

表3-4

发 货 单

字第 3701 号

领料部门：工会　　　　　　　　　　用途：女职工福利　　　　　　　　　　2016 年 11 月 04 日

品　名	单　位	数　量		对外销售		生产成本	
		请领	实领	单位价格	金额	单位成本	金额
A 型高档化妆品	盒	40	40	200.00	8 000.00	120.00	4 800.00
备　注							

负责人：　　　　　　　　　领料人：张东林　　　　　　　发料人：叶志明

【业务3】 11月4日，将外购的甲型香料运往东海市利智日用化工厂委托加工香水精。原始凭证如表3-5所示。

表3-5

领 料 单

仓库：3 号　　　　　　　　　　2016 年 11 月 04 日　　　　　　　　　　字第 70 号

品　名	规格型号	单　位	数　量		单价	金　额
			请领	实领		
香料	甲型	千克	1 500	1 500	50	75 000.00
用　途	委托加工香水精	领料部门		发料部门		
		负责人	领料人	核准人	发料人	
		王红达	张明发	郑长富	李达明	

【业务4】 11月12日，收回委托加工的香水精，支付加工费和代垫辅料。原始凭证如表3-6～表3-8所示。

表3-6

东海增值税专用发票

3300151130

发票联

No 28004861

开票日期：2016 年 11 月 12 日

购买方	名　　称：黄河宏大集团股份有限公司 纳税人识别号：330602002212345 地址、电话：东海市和平街 458 号　0136-3166333 开户行及账号：工商银行东海紫荆分理处 180112200100666					密码区	（略）	
货物或应税劳务、服务名称	规格型号	单位	数量	单价	金　额	税率	税　额	
加工费		瓶	20	500.00	10 000.00	17%	1 700.00	
代垫辅料费					2 000.00	17%	340.00	
价税合计（大写）　⊗壹万肆仟零肆拾元整					（小写）￥14 040.00			
销售方	名　　称：东海市利智日用化工厂 纳税人识别号：330602002297140 地址、电话：东海市曙光路 53 号　0136-3133429 开户行及账号：工商银行东海分行 180100112200100667					备注		

收款人：　　　　　复核：　　　　　开票人：杨晓琴　　　　销售方：（章）

表 3-7

东海增值税专用发票

3300151130

抵 扣 联

No28004861

开票日期：2016 年 11 月 12 日

购买方	名　　称：黄河宏大集团股份有限公司 纳税人识别号：330602002212345 地　址、电话：东海市和平街 458 号　0136-3166333 开户行及账号：工商银行东海紫荆分理处 180112200100666	密码区	（略）

货物或应税劳务、服务名称	规格型号	单位	数量	单价	金　额	税率	税　额
加工费		瓶	20	500.00	10 000.00	17％	1 700.00
代垫辅料费					2 000.00	17％	340.00
价税合计（大写）	⊗壹万肆仟零肆拾元整				（小写）￥14 040.00		

销售方	名　　称：东海市利智日用化工厂 纳税人识别号：330602002297140 地　址、电话：东海市曙光路 53 号　0136-3133428 开户行及账号：工商银行东海分行 180100112200100667	备注	东海市利智日用化工厂 330602002297140 发票专用章

收款人：　　　　复核：　　　　开票人：杨晓琴　　　　销售方：（章）

第二联：抵扣联　购买方扣税凭证

税总函[2015]××号×××××公司

表 3-8　　　转账支票存根

中国工商银行　　（东）

转账支票存根

Ⅻ 00105456

科　　目 ＿＿＿＿＿＿＿＿＿

对方科目 ＿＿＿＿＿＿＿＿＿

出票日期　2016 年 11 月 12 日

收款人：东海市利智日用化工厂
金　额：14 040.00
用　途：加工费及辅料费
备　注：

单位主管　　　　会计

复　核　　　　记账

【业务 5】　11 月 12 日，受托方无同类香水精对外销售业务，计算受托方代垫的消费税税额，并填制转账支票（对方收据略）。收回的香水精作为原料继续加工。原始凭证如表 3-9 和表 3-10 所示。

提示：委托加工环节消费税的计税依据。

委托加工环节的消费税以受托方同类产品对外加权平均售价为计税依据，受托方没有同类产品对外销售的，应按组成计税价格计税：

$$组成计税价格 = \frac{材料成本 + 加工费}{1 - 消费税比例税率}$$

属于复合计税的：

$$组成计税价格 = \frac{材料成本 + 加工费 + 委托加工数量 \times 定额税率}{1 - 消费税比例税率}$$

表 3-9   **委托加工代垫消费税计算单**

材料科目：原材料   编号：001

材料类别：原料及主要材料   收料仓库：1 号仓库

加工单位：东海市利智日用化工厂   2017 年 11 月 12 日   发票号码：004861

材料编号	材料名称	规格	计量单位	数量	计 算 过 程				
					材料成本	加工费	计税金额	税率	税额
001	香水精		瓶	20				15％	
备　注									

审核：   制单：杨晓琴

表 3-10   **转账支票存根**

中国工商银行 （东）
转账支票存根
Ⅻ 00105456

科　　目	
对方科目	
出票日期	2016 年 11 月 12 日

收款人：东海市利智日用化工厂
金　额：
用　途：支付代垫消费税
备　注：

单位主管   会计

复　核   记账

【业务6】 11月12日，收回委托加工的香水精验收入库。原始凭证如表3-11所示。

表 3-11 委托加工收料单

材料科目：原材料　　　　　　　　　　　　　　　　　　　　　　编号：001

材料类别：原料及主要材料　　　　　　　　　　　　　　　　　　收料仓库：1号仓库

加工单位：东海市利智日用化工厂　　　2016年11月12日　　　　发票号码：004861

材料编号	材料名称	规格	计量单位	数量		实际成本			
				应收	实收	材料成本	加工费	运费	合计
001	香水精		瓶	20	20	75 000.00	12 000.00		87 000.00
备注									

采购员：张一凡　　　　检验员：赵安康　　　　记账员：　　　　保管员：王 明

【业务7】 11月15日，缴纳10月份消费税、增值税，取得以下完税凭证。原始凭证如表3-12和表3-13所示。

提示：税收通用缴款书的填写。

（1）《税收通用缴款书》实行一税一票制，不得一份税收通用缴款书上填写若干税种，国家税务局和地方税务局的《税收通用缴款书》不得混合使用。

（2）《税收通用缴款书》的填写全部联次内容要一致，字迹清晰，不得涂改、擦刮和挖补。

（3）要按规定的格式和口径规范填写，所有栏目不得空缺不填。其中"隶属关系"、"注册类型"、"预算科目"、"收缴国库"和"品目名称"按照税务机关规定的口径填写，其他栏目按照实际情况填写。

表 3-12

中华人民共和国
税收通用缴款书

（032）海　№1055806　国

隶属关系：其他企业　　　　　　　　　　　　　　　　　　国缴电

注册类型：股份有限公司　填发日期：2016 年 11 月 15 日　征收机关：东海市国家税务局直属分局

缴款单位（人）	代　码	330602002212345	预算科目	编码	101010103
	全　称	黄河宏大集团股份有限公司		名称	股份制企业消费税
	开户银行	工商银行东海紫荆分理处		级次	中央
	账　号	180112200100666		收款国库	东海市中心支库

税款所属时期	2016 年 10 月 1 日至 10 月 31 日	税款限缴日期	2016 年 11 月 15 日

品目名称	课税数量	计税金额或销售收入	税率或单位税额	已缴或扣除额	实缴金额
高档化妆品		100 000.00	15%		15 000.00
啤酒	200		250		50 000.00
白酒	8 000	19 200.00	20%；1 元/公斤		11 840.00
金额合计	⊗柒万陆仟捌佰肆拾元整			（小写）￥76 840.00	

缴款单位（人）（盖章）		上列款项已收妥并划转收款单位账户	
经办人（盖章）　赵红星		国库（银行）盖章　　年　月　日	

逾期不缴按税法规定加收滞纳金

表 3-13

中华人民共和国
税收通用缴款书

（032）海　№1055806　国

隶属关系：其他企业　　　　　　　　　　　　　　　　　　国缴电

注册类型：股份有限公司　填发日期：2016 年 11 月 15 日　征收机关：东海市国家税务局直属分局

缴款单位（人）	代　码	330602002212345	预算科目	编码	101010103
	全　称	黄河宏大集团股份有限公司		名称	股份制企业增值税
	开户银行	工商银行东海紫荆分理处		级次	中央 50%，省市 50%
	账　号	180112200100666		收款国库	东海市中心支库

税款所属时期	2016 年 10 月 1 日至 10 月 31 日	税款限缴日期	2016 年 11 月 15 日

品目名称	课税数量	计税金额或销售收入	税率或单位税额	已缴或扣除额	实缴金额
酒		919 200.00	17%		156 264.00
高档化妆品		100 000.00	17%		17 000.00
金额合计	⊗壹拾柒万叁仟贰佰陆拾肆元整			（小写）￥173 264.00	

缴款单位（人）（盖章）		上列款项已收妥并划转收款单位账户	
经办人（盖章）　赵红星		国库（银行）盖章　　年　月　日	

逾期不缴按税法规定加收滞纳金

【业务8】 11月18日,将自产啤酒20吨销售给万家乐超市;另外将10吨让顾客免费品尝。原始凭证如表3-14~表3-16所示。

表 3-14

3300151130

东海增值税专用发票

No 22000009

此联不作报销扣税凭证使用 开票日期:2016 年 11 月 18 日

购买方	名　　　称:东海市万家乐超市 纳税人识别号:330601004811122 地　址、电话:东海市宇雷路 17 号　0136-3708867 开户行及账号:工商银行东海分行 150200683382002668					密码区	(略)	
货物或应税劳务、服务名称	规格型号	单位	数量	单　价	金　额	税率	税　额
啤酒		吨	20	2 800.00	56 000.00	17%	9 520.00
价税合计(大写)	⊗陆万伍仟伍佰贰拾元整				(小写)¥65 520.00		
销售方	名　　　称:黄河宏大集团股份有限公司 纳税人识别号:330602002212345 地　址、电话:东海市和平街 458 号　0136-3166333 开户行及账号:工商银行东海紫荆分理处 180112200100666					备注		

收款人:　　　　复核:　　　　开票人:许丽宏　　　　销售方:(章)

第一联:记账联 销售方记账凭证

税总函[2015]××号×××公司

表 3-15

中国工商银行进账单(收账通知)

2016 年 11 月 18 日　　　　第　号

付款人	全　称	东海市万家乐超市	收款人	全　称	黄河宏大集团股份有限公司
	账　号	150200683382002668		账　号	180112200100666
	开户银行	工商银行东海分行		开户银行	工商银行东海紫荆分理处

人民币 (大写)	陆万伍仟伍佰贰拾元整	千	百	十	万	千	百	十	元	角	分
				¥	6	5	5	2	0	0	0

票据种类	银行汇票
票据张数	1 张

工商银行
东海分行
2016.11.18
转讫

单位主管:　　会计:　　复核:　　记账:　　　　收款人开户行盖章

此联是持票人开户银行交给持票人的收账通知

表 3-16

商品出库单

2016 年 11 月 18 日　　　　　　　　　　　　　　　　字第　273　号

品　名	计量单位	数　量	单位成本	金　额	用　途
啤酒	吨	20	2 000	40 000.00	销售
啤酒	吨	10	2 000	20 000.00	免费品尝
合　计				60 000.00	

部门负责人：　　　　领料人：李爱国　　　　会计：　　　　发货人：王　明

【业务 9】　11 月 28 日,销售自产散装粮食白酒 20 吨,单位售价每吨 2 400 元,生产成本每吨 1 600 元。随同白酒出售单独计价包装桶 400 只,每只售价 20 元,成本价 12 元。货款已通过银行转账收讫。原始凭证如表 3-17～表 3-19 所示。

提示：包装物的征税规定。

(1) 应税包装物单独计价出售或收取押金收入适用税率与所包装货物适用的税率相同。

(2) 一般货物包装物押金,单独核算、押期 1 年以内且未过期,不计征增值税、消费税;不符合上述三个条件的应计征增值税,属于包装应税消费品的,还应征收消费税。

(3) 除啤酒、黄酒以外的其他酒类产品包装物押金,不论如何核算,是否过期,都应于收取押金时计征增值税、消费税。

表 3-17

东海增值税专用发票

3300151130

№22000015

此联不作报销、扣税凭证使用　开票日期：2016 年 11 月 28 日

购买方	名　　称：东海市东华百货商场 纳税人识别号：330601004811122 地　址、电话：东海市寿尔福路 17 号　0136-37086708 开户行及账号：工商银行东海分行 1502006200266 88338	密码区	（略）

货物或应税劳务、服务名称	规格型号	单位	数量	单　价	金　额	税率	税　额
粮食白酒		吨	20	2 400.00	48 000.00	17%	8 160.00
包装桶		只	400	20.00	8 000.00	17%	1 360.00

价税合计（大写）	⊗陆万伍仟伍佰贰拾元整	（小写）¥65 520.00

销售方	名　　称：黄河宏大集团股份有限公司 纳税人识别号：330602002212345 地　址、电话：东海市和平街 458 号　0136-3166333 开户行及账号：工商银行东海紫荆分理处 180112200100666	备注

收款人：　　　　复核：　　　　开票人：许丽宏　　　　销售方：（章）

表 3-18

商品出库单

2016 年 11 月 28 日　　　　　　　　　　字第　372　号

品　名	计量单位	数　量	单位成本	金　额	用　途
白酒	吨	20	1 600	32 000.00	销售
包装桶	只	400	12	4 800.00	销售
合　计				36 800.00	

部门负责人：　　　　领料人：李爱国　　　　会计：　　　　发货人：王　明

表 3-19　　　　　　中国工商银行**进账单**(收账通知)

2016 年 11 月 28 日　　　　　　　　第　　号

付款人	全　称	东海市东华百货商场	收款人	全　称	黄河宏大集团股份有限公司
	账　号	1502006200266888338		账　号	180112200100666
	开户银行	工商银行东海分行		开户银行	工商银行东海紫荆分理处

人民币 (大写)	陆万伍仟伍佰贰拾元整	千 百 十 万 千 百 十 元 角 分
		￥ 6 5 5 2 0 0 0

票据种类	转账支票
票据张数	1 张

工商银行
东海分行
2016.11.28
转讫

单位主管：　会计：　复核：　记账：　　　　收款人开户行盖章

此联是持票人开户银行交给持票人的收账通知

【**业务 10**】　11 月 28 日,由于业务需要,加工收回的香水精 20% 用于对外销售,货款已通过银行收讫;80% 用于生产香水和高档化妆品,已领用投入生产。原始凭证如表 3-20 和表 3-21 所示。

提示：委托加工应税消费品收回后的应税处理。

(1) 委托加工收回的应税消费品以不高于受托方的计税价格出售的,为直接出售,不再缴纳消费税;委托方以高于受托方的计税价格出售的,不属于直接出售,需按照规定申报缴纳消费税,在计税时准予扣除受托方已代收代缴的消费税。

(2) 委托加工收回的应税消费品用于连续生产应税消费品的,其加工环节的已纳消费税税额可以从应纳税额的总额中扣除。

(3) 下列情况下不得扣除已纳消费税税额：酒及酒精、小汽车、高档手表、游艇;用购入或委托加工收回的应税消费品连续生产非应税消费品;工业企业从商贸企业购入已税消费品;用已税消费品生产不同税目的应税消费品。

表 3-20

东海增值税专用发票

3300151130

此联不作报销、扣税凭证使用　开票日期：2016 年 11 月 28 日

No22000016

购买方	名　　称：东海市天媛保健用品公司 纳税人识别号：330601002248111 地　址、电话：东海市丽阳路 17 号　0136-37086709 开户行及账号：工商银行东海分行 150200683326688200					密码区	（略）	
货物或应税劳务、服务名称	规格型号	单位	数量	单　价	金　额	税率	税　额	
香水精		瓶	4	8 000.00	32 000.00	17%	5 440.00	
价税合计（大写）		⊗叁万柒仟肆佰肆拾元整				（小写）￥37 440.00		
销售方	名　　称：黄河宏大集团股份有限公司 纳税人识别号：330602002212345 地　址、电话：东海市和平街 458 号　0136-3166333 开户行及账号：工商银行东海紫荆分理处 180112200100666					备注		

收款人：　　　　复核：　　　　开票人：许丽宏　　　　销售方：（章）

表 3-21

中国工商银行进账单（收账通知）

2016 年 11 月 28 日　　　　第　号

付款人	全　称	东海市天媛保健用品公司		收款人	全　称	黄河宏大集团股份有限公司									
	账　号	150200683326688200			账　号	180112200100666									
	开户银行	工商银行东海分行			开户银行	工商银行东海紫荆分理处									
人民币（大写）		叁万柒仟肆佰肆拾元整			千	百	十	万	千	百	十	元	角	分	
						￥	3	7	4	4	0	0	0	
票据种类		银行汇票												
票据张数		1 张												
单位主管：　会计：　复核：　记账：				收款人开户行盖章										

工商银行
东海分行
2016.11.28
转讫

【业务 11】 11 月 30 日,根据业务 1~业务 10 编制消费税应纳税额汇总计算表(见表 3-22)。

表 3-22 消费税应纳税额汇总计算表

	应税消费品名称	应税销售额/应税数量	适用税率/单位税额	本期消费税额
本期消费税计算				
	小　计			
可扣除税额	已税消费品名称	生产领用金额/ 代扣代缴计税价	适用税率/单位税额	本期扣除税额
	小　计			
本期应纳税额	税额		本月数	本年累计数
	应纳税额			
	可扣除税额			
	应纳消费税税额			

实训 3.2　消费税纳税申报

一、能力目标

1. 能填制消费税纳税申报表。
2. 能填制消费税税收缴款书。

二、实训成果

1. 消费税纳税申报表。
2. 消费税税收缴款书。

三、任务描述

1. 根据实训 3.1 的相关资料,填制黄河宏大集团股份有限公司 11 月份消费税纳税申报表。
2. 填开消费税税收缴款书。

四、实训条件

在税务实训室进行,消费税纳税申报表、通用税收缴款书等。

五、实训材料

1. 实训 3.1 业务 11 消费税应纳税额汇总计算表(见表 3-22)。
2. 纳税申报表(见表 3-23 和表 3-24)及税收通用缴款书(见表 3-25~表 3-27)。

表 3-23
酒类应税消费品消费税纳税申报表

税款所属期: 年 月 日至 年 月 日

纳税人名称:(公章)　　　　　　　　　　　　　纳税人识别号:□□□□□□□□□□□□□□□

填表日期: 年 月 日　　　　　　　　　　　　金额单位:元(列至角分)

项目 应税 消费品名称	适用税率		销售数量	销售额	应纳税额
	定额税率	比例税率			
粮食白酒	0.5 元/斤	20%			
薯类白酒	0.5 元/斤	20%			
啤酒	250 元/吨	—			
啤酒	220 元/吨	—			
黄酒	240 元/吨	—			
其他酒	—	10%			
合　计	—	—	—	—	

本期准予扣除税额:	**声　明** 　　此纳税申报表是根据国家税收法律的规定填报的,我确定它是真实的、可靠的、完整的。
本期减(免)税额:	经办人:(签章) 财务负责人:(签章) 联系电话:
期初未缴税额:	
本期缴纳前期应纳税额:	(如果你已委托代理人申报,请填写) **授权声明**
本期预缴税额:	为代理一切税务事宜,现授权_____ (地址)_____为本纳税人的代
本期应补(退)税额:	理申报人,任何与本申报表有关的往来文件,都可寄予此人。
期末未缴税额:	授权人:(签章)

以下由税务机关填写

受理人:(签章)　　　　　受理日期: 年 月 日　　　　　受理税务机关:(章)

表 3-24　　　　　　　　　　　**其他应税消费品消费税纳税申报表**

税款所属期：　　年　月　日至　　年　月　日

纳税人名称：（公章）　　　　　　　　　　纳税人识别号：□□□□□□□□□□□□□□□

填表日期：　　年　月　日　　　　　　　　　　　　　　金额单位：元（列至角分）

项目 应税 消费品名称	适用税率	销售数量	销售额	应纳税额
合　计	—	—	—	

本期准予扣除税额：	**声　明** 　　此纳税申报表是根据国家税收法律的规定填报的，我确定它是真实的、可靠的、完整的。
本期减（免）税额：	经办人：（签章）
期初未缴税额：	财务负责人：（签章） 联系电话：
本期缴纳前期应纳税额：	（如果你已委托代理人申报，请填写） **授权声明**
本期预缴税额：	为代理一切税务事宜，现授权＿＿＿＿＿ （地址）＿＿＿＿＿＿＿＿＿为本纳税人的代
本期应补（退）税额：	理申报人，任何与本申报表有关的往来文件，都可寄予此人。
期末未缴税额：	授权人：（签章）

以下由税务机关填写

受理人：（签章）　　　　　受理日期：　　年　月　日　　　　　受理税务机关：（章）

表 3-25

中华人民共和国
税收通用缴款书　　(032)海　　No1055806

国家税务总局监制

　　　　　　　　　　　　　　　　　国缴电

隶属关系：

注册类型：　　　　　填发日期：　年　月　日　　　征收机关：

缴款单位（人）	代　码		预算科目	编码	
	全　称			名称	
	开户银行			级次	
	账　号		收款国库		

| 税款所属时期 | | | 税款限缴日期 | | |

品目名称	课税数量	计税金额或销售收入	税率或单位税额	已缴或扣除额	实缴金额
金额合计					

缴款单位（人）：
　（盖章）

经办人：（盖章）

上列款项已收妥并划转收款单位账户

国库（银行）盖章　年　月　日

逾期不缴按税法规定加收滞纳金

表 3-26

中华人民共和国
税收通用缴款书　　(032)海　　No1055680

国家税务总局监制

　　　　　　　　　　　　　　　　　国缴电

隶属关系：

注册类型：　　　　　填发日期：　年　月　日　　　征收机关：

缴款单位（人）	代　码		预算科目	编码	
	全　称			名称	
	开户银行			级次	
	账　号		收款国库		

| 税款所属时期 | | | 税款限缴日期 | | |

品目名称	课税数量	计税金额或销售收入	税率或单位税额	已缴或扣除额	实缴金额
金额合计					

缴款单位（人）：
　（盖章）

经办人：（盖章）

上列款项已收妥并划转收款单位账户

国库（银行）盖章　年　月　日

逾期不缴按税法规定加收滞纳金

表 3-27

纳税全真实训（第三版）

（032）海   No1050658

中华人民共和国
税收通用缴款书

国缴电

隶属关系：

注册类型：　　　　　　　　填发日期：　年　月　日　　　征收机关：

缴款单位（人）	代　码		预算科目	编码	
	全　称			名称	
	开户银行			级次	
	账　号			收款国库	

税款所属时期				税款限缴日期		
品目名称	课税数量	计税金额或销售收入	税率或单位税额	已缴或扣除额	实缴金额	
金额合计						

缴款单位（人）： （盖章） 经办人：（盖章）	上列款项已收妥并划转收款单位账户 国库（银行）盖章　　年　月　日

逾期不缴按税法规定加收滞纳金

第一联：（收据）国库（银行）收款盖章后退缴款单位（人）作完税凭证

实训 3.3　消费税会计核算

一、能力目标

能进行消费税、增值税的会计核算。

二、实训成果

1. 增值税、消费税业务的相关记账凭证。
2. "应交税费——应交消费税"明细账。

三、任务描述

根据黄河宏大集团股份有限公司 11 月份的经济业务原始凭证编制增值税及消费税相关记账凭证。

四、实训条件

在税务实训室进行,相关业务的原始凭证、记账凭证、三栏式明细账页、多栏式明细账页。

五、实训材料

实训 3.1 和实训 3.2 的资料。

关税计算缴纳与核算

实训 4.1 关税税款计算

一、能力目标

1. 能确定进口货物、出口货物的完税价格。
2. 会计算进口货物、出口货物的关税税额。
3. 会计算进口环节应缴纳的增值税税额和消费税税额。

二、实训成果

1. 进口货物应缴纳的关税税额和进口环节的增值税税额。
2. 出口货物应缴纳的关税税额。

三、任务描述

1. 根据滨海市东风进出口公司进口资料,确定进口货物的完税价格,计算进口货物应缴纳的关税和进口环节的增值税。
2. 根据滨海市东风进出口公司的出口资料,确定出口货物的完税价格,计算出口货物应缴纳的关税。

四、实训条件

在税务实训室进行训练,提供进出口业务相关票证。

五、实训材料

1. 企业基本情况
企业名称:滨海市东风进出口公司

企业统一组织代码:31332504GTRH007016

进出口货物许可证号:3321588457

企业地址:滨海市滨河路 456 号

法人代表:李大忠

注册资本:3 000 万元

经营范围:产品进口、产品出口

企业开户银行及账号:工商银行滨海市滨河支行　8522342260890859864

财务负责人:郑一春

报关员:吕伟霞

　　滨海市东风进出口公司为增值税一般纳税人,2016 年 5 月 15 日从中国香港进口一批录像机,批准文号 160032487,进口关税税率为 5%,当日的外汇牌价为 USD1＝RMB6.20;2016 年 5 月 25 日出口鳗鱼苗,批准文号 160082654,出口关税税率为 10%,当日的外汇牌价为 USD1＝RMB6.15。

　　2. 相关票证资料(见表 4-1～表 4-6)

表 4-1　　　　　　　　　　　　　　　　　报 价 单

好易发有限公司

香港湾仔希望路 18 号希望广场 123 室

<table>
<tr><td colspan="3" align="center">**报 价 单**</td></tr>
<tr><td>致:滨海市东风进出口公司</td><td>本公司档号:16675432876</td><td>日期:2016.05.15</td></tr>
<tr><td>货品说明:**录像机**</td><td colspan="2">来源地:**中国香港**</td></tr>
<tr><td>数量:**50 台**</td><td colspan="2">包装:</td></tr>
<tr><td>单价:**USD8 100**</td><td colspan="2">总金额:**USD405 000**</td></tr>
<tr><td>检验人:</td><td colspan="2">付运费:**USD3 050**</td></tr>
<tr><td>付款方式:**信用证结算**</td><td colspan="2">有效期:</td></tr>
<tr><td colspan="3">备注:</td></tr>
<tr><td colspan="3">好易发有限公司代表

授权签名</td></tr>
</table>

表 4-2   商业发票

好易发有限公司

香港湾仔希望路 18 号希望广场 123 室

_____

商 业 发 票

订货单编号：16763456134	本公司档号：16675432876
发票日期：2016 年 05 月 15 日	发票编号：165432981
付款条件：FOB 价结算	计价货币：USD3 050
买方：中国·滨海市东风进出口公司	付运费：USD3 050

货 品 说 明	数 量	单 价	金 额
录像机	**50**	**USD8 100**	**USD405 000**
		总计：	**USD408 050**

备注：

好易发有限公司代表

···

授权签名

表 4-3   装箱单

好易发有限公司

香港湾仔希望路 18 号希望广场 123 室

装 箱 单

订货单编号：16763456134	本公司档号：16675432876
发票日期：2016 年 05 月 15 日	发票编号：165432981
买方：中国·滨海市东风进出口公司	运往：中国·宁波口岸

标识及货件编号：

货 品 说 明	净 重	毛 重	尺 寸
录像机	**200 千克**	**280 千克**	**5.69m×2.13m× 2.18m**

总计件数：**1 件**

备注：

好易发有限公司代表

···

授权签名

表 4-4　　　　　　　　　　　　　　海运货物保险单

通财保险有限公司	

海运货物保险单

订货单编号：16763456134	运输工具及名称：海运
投保人：中国·滨海市东风进出口公司	赔偿支付人：通财保险有限公司
保险金额：USD405 000	保险费率：3‰
发货港：中国香港	所经港口/目的港：中国·宁波

承保内容：

条件：

根据 1982 年 1 月 1 日修订的协会货物条款（A）

根据 1982 年 1 月 1 日修订的协会货物条款（B）

根据 1982 年 1 月 1 日修订的协会货物条款（C）

根据 1982 年 1 月 1 日修订的协会货物条款（战争险）

根据 1982 年 1 月 1 日修订的协会货物条款（罢工险）

（一般条件和条款）

保险单签署地点日期：

投保地点：

备注：

通财保险有限公司代表

··

授权签名

表 4-5

出口货物销售发票

浙江省出口货物销售统一发票
ZHEJIANG EXPORT SALES UNIFORM INVOICE

发票代码 133100070580

发票号码 00054895

合同号码

记 账 联
COUNTERFOIL

Contract No. 16234008645

日期

Date 2016. 05. 25

装船口岸　　宁波

目的地　　美国

From _____

To _____

信用证号数　　1634587645123456

开户银行　　工商银行滨海分行

Letter of Credit No. _____

Issued by _____

唛号 Marks & Nos	货名数量 Quantities and Descriptions	单价 Unit Price	总值 Amount
鳗鱼苗	110 000	USD1	USD110 000

开票单位（盖章）：滨海市东风进出口公司

开票人：吕伟霞

310345786309765

发票专用章

表 4-6　　　　　　应交关税税额汇总计算表

年 月 日至 年 月 日

单位：元（列至角分）

项　　目	商品名称	关税完税价格	适用税率	应交关税税额
进口业务				
	合　计			
出口业务				
	合　计			

财务主管：　　　　　　　　　　　　　　　　制表人：

实训 4.2 货物报关与关税缴纳

一、能力目标

1. 会办理货物的进口、出口相关工作,正确填写进口货物、出口货物报关单。

2. 能办理关税缴纳业务,正确填写进(出)口关税专用缴款书和进口增值税专用缴款书。

二、实训成果

1. 进口货物报关单、出口货物报关单。

2. 进口关税专用缴款书、出口关税专用缴款书。

3. 进口增值税专用缴款书。

三、任务描述

1. 根据进口资料,填写滨海市东风进出口公司进口货物报关单、进口货物关税专用缴款书、进口货物增值税专用缴款书。

2. 根据出口资料,填写滨海市东风进出口公司出口货物报关单、出口货物关税专用缴款书。

四、实训条件

在税务实训室进行训练,提供进、出口货物报关单,进、出口关税专用缴款书,进口货物增值税专用缴款书。

五、实训材料

1. 实训 4.1 的资料。

2. 中华人民共和国海关进口货物报关单(见表 4-7)、海关进口关税专用缴款书(收据联)(表 4-8)、海关进口增值税专用缴款书(收据联)(见表 4-9)、中华人民共和国海关出口货物报关单(见表 4-10)、海关出口关税专用缴款书(收据联)(见表 4-11)。

表 4-7　　　　　　　　　　　中华人民共和国海关进口货物报关单

预录入编号：　　　　　　　　　　　　　　　　海关编号：

收发货人	进口口岸		进口日期	申报日期
消费使用单位	运输方式		运输工具名称	提运单号
申报单位	监管方式		征免性质	备案号
贸易国（地区）	启运国（地区）		装货港	境内目的地
许可证号	成交方式	运费	保费	杂费
合同协议号	件数	包装种类	毛重（千克）	净重（千克）
集装箱号	随附单证			
标记唛码及备注				

项号	商品编号	商品名称、规格型号	数量及单位	原产国（地区）	单价	总价	币制	征免

特殊关系确认：	价格影响确认：	支付特许权使用费确认：
录入员　　录入单位	兹申明对以上内容承担如实申报、依法纳税之法律责任	海关批注及签章
报关人员	申报单位（签章）	

表 4-8　　　　　　　　　　海关进口关税专用缴款书（收据联）

收入系统：　　　　　　　填发日期：　年　月　日　　　No.

收款单位	收入机关			缴款单位（人）	名　称	
	科　目		预算级次		科　目	
	收缴国库				开户银行	

税号	货物名称	数量	单位	完税价格/￥	税率/%	税款金额/￥

金额人民币（大写）				合计（￥）	
申请单位编号		报关单编号		填制单位	收缴国库（银行）
合同（批文）号		运输工具号		制单人：	
缴款日期　年　月　日		提/装货单号		复核人：	
备注	一般征税：				
	国际代码：				

第一联：（收据）国库收款签章后交缴款单位或缴款人

　　从填发缴款书之日起限 15 日内缴纳（期末遇法定节假日顺延），逾期按日征收税款总额万分之五的滞纳金。

表 4-9　　　　　　海关进口增值税专用缴款书(收据联)

收入系统：　　　　　　　　填发日期：　年 月 日　　　　　No.

收款单位	收入机关			缴款单位(人)	名　称		
	科　目	预算级次			账　号		
	收缴国库				开户银行		

税号	货物名称	数量	单位	计税价格/￥	税率/%	税款金额/￥

金额人民币(大写)		合计(￥)	

申请单位编号		报关单编号		填制单位	收缴国库(银行)
(合同批文)号		运输工具号		制单人：	
缴款日期		提/装货单号		复核人：	
备注	一般征税：				
	国际代码：				

表 4-10　　　　　　中华人民共和国海关出口货物报关单

预录入编号：　　　　　　　　海关编号：

收发货人	出口口岸		出口日期	申报日期
生产销售单位	运输方式		运输工具名称	提运单号
申报单位	监管方式		征免性质	备案号
贸易国(地区)	运抵国(地区)		指运港	境内货源地
许可证号	成交方式	运费	保费	杂费
合同协议号	件数	包装种类	毛重(公斤)	净重(公斤)
集装箱号	随附单证			
标记唛码及备注				

项号	商品编号	商品名称、规格型号	数量及单位	原产国(地区)	单价 总价 币制 征免

特殊关系确认：	价格影响确认：	支付特许权使用费确认：
录入员　录入单位	兹申明对以上内容承担如实申报、依法纳税之法律责任	海关批注及签章
报关人员	申报单位(签章)	

表 4-11　　　　　海关出口关税专用缴款书（收据联）

收入系统：　　　　　　　　填发日期：　年　月　日　　　No.

收款单位	收入机关			缴款单位（人）	名　　称	
	科　　目		预算级次		科　　目	
	收缴国库				开户银行	

税号	货物名称	数量	单位	完税价格/￥	税率/%	税款金额/￥

金额人民币（大写）		合计（￥）	

申请单位编号		报关单编号		填制单位	收缴国库（银行）
合同（批文）号		运输工具号			
缴款日期	年　月　日	提/装货单号			

备注	一般征税：	制单人：
	国际代码：	复核人：

从填发缴款书之日起限 15 日内缴纳（期末遇法定节假日顺延），逾期按日征收税款总额万分之五的滞纳金。

实训4.3　关税会计核算

一、能力目标

1. 能进行进口业务关税、增值税的会计核算。
2. 能办理出口业务关税的会计核算。

二、实训成果

1. 进口业务应缴纳关税、增值税的会计分录。
2. 出口业务应缴纳关税的会计分录。

三、任务描述

1. 根据滨海市东风进出口公司的进口业务，编制 5 月份进口业务的相关会计分录。
2. 根据滨海市东风进出口公司的出口业务，编制 5 月份出口业务的相关会计分录。

四、实训条件

在税务实训室进行训练,提供进、出口货物报关单,进、出口关税专用缴款书,进口货物增值税专用缴款书。

五、实训材料

实训 4.1 和实训 4.2 的资料。

企业所得税计算申报与核算

实训 5.1 企业所得税税款计算

一、能力目标

1. 能够按季度计算企业所得税的预缴税额。
2. 会进行年度企业所得税应税所得额的纳税调整。
3. 会计算企业所得税年度应纳所得税额。

二、实训成果

1. 按季度预缴的企业所得税额。
2. 年度应补（退）的企业所得税额。

三、任务描述

1. 根据东海电器制造有限公司提供的第四季度收支资料，计算该企业第四季度应预缴的企业所得税额。

2. 根据会计师事务所的审计意见，按以下顺序进行纳税调整额，计算东海电器制造有限公司 2015 年应补缴的企业所得税额。

（1）计算工资费用应调整的应纳税所得额。

（2）计算职工工会经费、职工福利费和职工教育经费应调整的应纳税所得额。

（3）计算提取的坏账准备金及应调整的应纳税所得额。

（4）计算国债利息、税后股息应调整的应纳税所得额。

（5）计算财务费用应调整的应纳税所得额。

（6）计算业务招待费用和业务宣传费应调整的应纳税所得额。

（7）计算转让无形资产应缴纳的流转税费。

（8）计算转让无形资产应调整的应纳税所得额。

（9）计算公益性捐赠应调整的应纳税所得额。

（10）计算公益性捐赠以外的其他营业外支出的项目应调整的应纳税所得额。

（11）填写应纳税所得额计算表，计算全年应税所得额。

3. 填写企业所得税应纳税额计算表，计算东海电器制造有限公司 2015 年度应补缴的企业所得税税额。

四、实训条件

在税务实训室进行训练，提供东海电器制造有限公司收支情况，各类收支计算表等资料。

五、实训材料

1. 企业基本情况

企业名称：东海电器制造有限公司

企业注册号：3102005016738

企业组织机构代码：785209447

企业税务登记证号：330606786309447

企业地址：东海市滨河路 234 号

法人代表：陈洪富

注册资本：5 000 万元

企业类型：有限责任公司

经营范围：电器制造、销售

企业开户银行及账号：工商银行东海市滨河支行　8522671260890859431

财务负责人：刘春

办税员：郑日照

东海电器制造有限公司为增值税一般纳税人，2015 年度有员工 480 人，月工资薪金为 2 500 元，企业所得税实行按年计算，分季度据实预缴办法。

2. 2015 年度企业经营资料

（1）企业收入汇总表（见表 5-1）。

表 5-1   **2015 年收入汇总表**   单位：万元

项　目	第一季度	第二季度	第三季度	第四季度	总　计
1. 主营业务收入小计	1 925	1 700	2 000	2 100	7 725
销售货物收入	1 925	1 700	2 000	2 100	7 725
2. 其他业务收入小计	20	40	40	60	160
（1）材料销售收入	20	30	20	30	100
（2）提供运输服务收入		10	20	30	60
3. 投资收益小计	15	15	20	15	65
4. 营业外收入小计			10	40	50
（1）处置固定资产净收益				20	20
（2）出售无形资产收益			10	20	30
总　　计	1 960	1 755	2 070	2 215	8 000

（2）企业成本费用汇总表（见表 5-2）。

表 5-2   **2015 年成本费用汇总表**   单位：万元

项　目	第一季度	第二季度	第三季度	第四季度	总　计
1. 主营业务成本小计	1 225	1 030	1 330	1 365	4 950
销售货物成本	1 225	1 030	1 330	1 365	4 950
2. 其他业务成本小计	15	20	20	35	90
（1）材料销售成本	15	15	10	20	60
（2）提供运输服务成本		5	10	15	30
3. 营业外支出小计			20	50	70
（1）固定资产盘亏				11	11
（2）罚款支出			20	19	39
（3）捐赠支出				20	20
4. 期间费用小计	700	690	690	740	2 820
（1）销售费用	300	290	290	320	1 200
（2）管理费用	395	395	395	415	1 600
（3）财务费用	5	5	5	5	20
总　　计	1 940	1 740	2 060	2 190	7 930

（3）企业流转税费汇总表（不考虑财政性规费，见表 5-3）。

表 5-3   **2015 年流转税费汇总表**   单位：万元

项　目	第一季度	第二季度	第三季度	第四季度	总　计
1. 增值税	75	60.5	64	73.22	272.72
2. 城市维护建设税	5.25	4.24	4.48	5.13	19.10
3. 教育费附加	2.25	1.81	1.92	2.20	8.18
总　　计	82.5	66.55	70.40	80.55	300

（4）2015年企业1～3季度已经预缴的所得汇兑表（见表5-4）。

表5-4 2015年1～3季度企业会计利润及已缴的所得税汇总表 单位：万元

项 目	第一季度	第二季度	第三季度	第四季度	合 计
会计利润额	12.5	8.45	2.60		
企业所得税	3.13	2.11	0.65		

3. 2016年3月，经被聘请的会计师事务所审计，发现存在以下有关税收问题。

（1）扣除的成本费用中包括全年的工资费用，职工福利费203万元、职工工会经费30万元和职工教育费37万元，该企业已成立工会组织，拨缴工会经费有上交的专用收据。

（2）企业全年提取无形资产减值准备金1.38万元。

（3）收入总额8 000万元中含国债利息收入7万元，金融债券利息收入20万元，从被投资的未上市的国有公司分回的税后股息38万元（被投资企业的企业所得税税率15％）。

（4）当年1月向其他企业借款200万元，借款期限1年，年利率为8％，同期银行贷款利率为6％。企业所支付的借款利息费用共计16万元，全部计入了财务费用。

（5）企业全年发生的业务招待费45万元，广告费和业务宣传费1 190万元，全部作了扣除。

（6）12月份通过当地政府机关向贫困山区捐赠家电产品一批，成本价20万元，市场销售价格为23万元，企业核算时，按成本价值直接冲减了库存商品，按市场销售价格计算的增值税销项税额3.91万元与成本价合计23.91万元计入营业外支出账户。

（7）"营业外支出"账户中还列支缴纳的税款滞纳金3万元，银行借款超期罚息6万元，给购货方的回扣12万元，意外事故净损失8万元，非广告性赞助10万元，全都如实作了扣除。

（8）"管理费用"中含有新技术的研究费用为30万元。

4. 企业所得税应纳税所得额计算表（见表5-5）、企业所得税应纳税额计算表（见表5-6）。

表 5-5 应纳税所得额计算表

单位：元（列至角分）

行　次	项　目	金　额
1	纳税调整前所得	
2	加：纳税调整增加额	
3	其中：	
4		
5		
6		
7		
8		
9		
10		
11		
12		
13		
14	减：纳税调整减少额	
15	其中：	
16		
17		
18		
19		
20	纳税调整后所得	
21	减：弥补以前年度亏损	
22	减：免税所得	
23	其中：	
24		
25		
26	应纳税所得额	

表 5-6 企业所得税应纳税额计算表

单位：元（列至角分）

行　次	项　目	金　额
1	应税所得额	
2	适用税率	
3	应缴所得税税额	
4	减：预缴所得税税额	
5		
6		
7	应补（退）的所得税税额	

实训 5.2 企业所得税纳税申报

一、能力目标

1. 能正确填写企业所得税月(季)度预缴纳税申报表。
2. 能正确填写企业所得税年度纳税申报表。
3. 会办理企业所得税年度汇算清缴工作。

二、实训成果

1. 熟悉企业所得税月(季)度预缴纳税申报表。
2. 熟悉企业所得税年度纳税申报表。
3. 熟悉企业所得税年度纳税申报表相关附表。

三、任务描述

1. 根据东海电器制造有限公司提供的第四季度收支资料,按照分季据实预缴的办法填写第四季度企业所得税预缴纳税申报表。
2. 根据会计师事务所的审计情况,填写企业所得税纳税申报表的相关附表。
3. 根据资料和附表填写企业所得税年度纳税申报表。

四、实训条件

在税务实训室进行训练,提供企业所得税月(季)度预缴纳税申报表(A 类)、企业所得税年度纳税申报表及附表。

五、实训材料

1. 实训 5.1 的资料。
2. 中华人民共和国企业所得税月(季)度预缴纳税申报表(A 类)(见表 5-7)、中华人民共和国企业所得税年度纳税申报表(A 类)(见表 5-8)、企业所得税年度纳税申报表相关附表(见表 5-9～表 5-19)。

表 5-7　　　　　中华人民共和国企业所得税月（季）度预缴纳税申报表（A 类）

税款所属期间　　年　月　日至　　年　月　日

纳税人识别号：□□□□□□□□□□□□□□□

纳税人名称：　　　　　　　　　　　　　　　　　　　　　金额单位：人民币元（列至角分）

行次	项　目	本期金额	累计金额
1	一、按照实际利润额预缴		
2	营业收入		
3	营业成本		
4	利润总额		
5	加：特定业务计算的应纳税所得额		
6	减：不征税收入和税基减免应纳税所得额（请填附表 1）		
7	固定资产加速折旧（扣除）调减额（请填附表 2）		
8	弥补以前年度亏损		
9	实际利润额（4 行＋5 行－6 行－7 行－8 行）		
10	税率（25％）		
11	应纳所得税额		
12	减：减免所得税税额		
13	减：实际已预缴所得税税额		
14	减：特定业务预缴（征）所得税税额		
15	应补（退）所得税额（11 行－12 行－13 行－14 行）	—	
16	减：以前年度多缴在本期抵缴所得税税额		
17	本月（季）实际应补（退）所得税税额	—	
18	二、按照上一纳税年度应纳税所得额平均额预缴		
19	上一纳税年度应纳税所得额	—	
20	本月（季）应纳税所得额（19 行×1/4 或 1/12）		
21	税率（25％）		
22	本月（季）应纳所得税额（20 行×21 行）		
23	减：减免所得税税额（请填附表 3）		
24	本月（季）实际应纳所得税税额（22 行－23 行）		
25	三、按照税务机关确定的其他方法预缴		
26	本月（季）税务机关确定的预缴所得税税额		
27	总分机构纳税人		
28	总机构	总机构应分摊所得税税额（15 行或 24 行或 26 行×总机构应分摊预缴比例）		
29		财政集中分配所得税税额		
30		分支机构应分摊所得税税额（15 行或 24 行或 26 行×分支机构应分摊比例）		
31		其中：总机构独立生产经营部门应分摊所得税税额		
32	分支机构	分配比例		
33		分配所得税税额		

是否属于小型微利企业：　　　　　　　　　是 □　　　　　　　　　　否 □

　　谨声明：此纳税申报表是根据《中华人民共和国企业所得税法》、《中华人民共和国企业所得税法实施条例》和国家有关税收规定填报的，是真实的、可靠的、完整的。

法定代表人（签字）：　　　　　　　年　月　日

纳税人公章：	代理申报中介机构公章：	主管税务机关受理专用章：
	经办人：	
会计主管：	经办人执业证件号码：	受理人：
填表日期：　年　月　日	代理申报日期：　年　月　日	受理日期：　年　月　日

国家税务总局监制

表 5-8　　　　　　　　　　中华人民共和国企业所得税年度纳税申报表（A 类）

类别	行次	项　　目	金　额
利润总额计算	1	一、营业收入（填写 A101010/101020/103000）	
	2	减：营业成本（填写 A102010/102020/103000）	
	3	营业税金及附加	
	4	销售费用（填写 A104000）	
	5	管理费用（填写 A104000）	
	6	财务费用（填写 A104000）	
	7	资产减值损失	
	8	加：公允价值变动收益	
	9	投资收益	
	10	二、营业利润（1－2－3－4－5－6－7＋8＋9）	
	11	加：营业外收入（填写 A101010/101020/103000）	
	12	减：营业外支出（填写 A102010/102020/103000）	
	13	三、利润总额（10＋11－12）	
应纳税所得额计算	14	减：境外所得（填写 A108010）	
	15	加：纳税调整增加额（填写 A105000）	
	16	减：纳税调整减少额（填写 A105000）	
	17	减：免税、减计收入及加计扣除（填写 A107010）	
	18	加：境外应税所得抵减境内亏损（填写 A108000）	
	19	四、纳税调整后所得（13－14＋15－16－17＋18）	
	20	减：所得减免（填写 A107020）	
	21	减：抵扣应纳税所得额（填写 A107030）	
	22	减：弥补以前年度亏损（填写 A106000）	
	23	五、应纳税所得额（19－20－21－22）	
应纳税额计算	24	税率（25%）	
	25	六、应纳所得税额（23×24）	
	26	减：减免所得税额（填写 A107040）	
	27	减：抵免所得税额（填写 A107050）	
	28	七、应纳税额（25－26－27）	
	29	加：境外所得应纳所得税额（填写 A108000）	
	30	减：境外所得抵免所得税额（填写 A108000）	
	31	八、实际应纳所得税额（28＋29－30）	
	32	减：本年累计实际已预缴的所得税额	
	33	九、本年应补（退）所得税额（31－32）	
	34	其中：总机构分摊本年应补（退）所得税额（填写 A109000）	
	35	财政集中分配本年应补（退）所得税额（填写 A109000）	
	36	总机构主体生产经营部门分摊本年应补（退）所得税额（填写 A109000）	
附列资料	37	以前年度多缴的所得税额在本年抵减额	
	38	以前年度应缴未缴在本年入库所得税额	

A101010

表 5-9 　　　　　　　　　　　　一般企业收入明细表

行次	项　目	金　额
1	一、营业收入（2＋9）	
2	（一）主营业务收入（3＋5＋6＋7＋8）	
3	1. 销售商品收入	
4	其中：非货币性资产交换收入	
5	2. 提供劳务收入	
6	3. 建造合同收入	
7	4. 让渡资产使用权收入	
8	5. 其他	
9	（二）其他业务收入（10＋12＋13＋14＋15）	
10	1. 销售材料收入	
11	其中：非货币性资产交换收入	
12	2. 出租固定资产收入	
13	3. 出租无形资产收入	
14	4. 出租包装物和商品收入	
15	5. 其他	
16	二、营业外收入（17＋18＋19＋20＋21＋22＋23＋24＋25＋26）	
17	（一）非流动资产处置利得	
18	（二）非货币性资产交换利得	
19	（三）债务重组利得	
20	（四）政府补助利得	
21	（五）盘盈利得	
22	（六）捐赠利得	
23	（七）罚没利得	
24	（八）确实无法偿付的应付款项	
25	（九）汇兑收益	
26	（十）其他	

A102010

表 5-10 　　　　　　　　　　　　一般企业成本支出明细表

行次	项　目	金　额
1	一、营业成本（2＋9）	
2	（一）主营业务成本（3＋5＋6＋7＋8）	
3	1. 销售商品成本	
4	其中：非货币性资产交换成本	
5	2. 提供劳务成本	
6	3. 建造合同成本	
7	4. 让渡资产使用权成本	
8	5. 其他	
9	（二）其他业务成本（10＋12＋13＋14＋15）	
10	1. 材料销售成本	
11	其中：非货币性资产交换成本	
12	2. 出租固定资产成本	
13	3. 出租无形资产成本	

行次	项 目	金 额
14	4. 包装物出租成本	
15	5. 其他	
16	二、营业外支出(17+18+19+20+21+22+23+24+25+26)	
17	(一)非流动资产处置损失	
18	(二)非货币性资产交换损失	
19	(三)债务重组损失	
20	(四)非常损失	
21	(五)捐赠支出	
22	(六)赞助支出	
23	(七)罚没支出	
24	(八)坏账损失	
25	(九)无法收回的债券股权投资损失	
26	(十)其他	

A104000

表 5-11　　　　　　　　　　　　　期间费用明细表

行次	项 目	销售费用	其中:境外支付	管理费用	其中:境外支付	财务费用	其中:境外支付
		1	2	3	4	5	6
1	一、职工薪酬		*		*	*	*
2	二、劳务费					*	*
3	三、咨询顾问费					*	*
4	四、业务招待费		*		*	*	*
5	五、广告费和业务宣传费		*		*	*	*
6	六、佣金和手续费						
7	七、资产折旧摊销费		*		*	*	*
8	八、财产损耗、盘亏及毁损损失		*		*	*	*
9	九、办公费		*		*	*	*
10	十、董事会费		*		*	*	*
11	十一、租赁费					*	*
12	十二、诉讼费		*		*	*	*
13	十三、差旅费		*		*	*	*
14	十四、保险费		*		*	*	*
15	十五、运输、仓储费					*	*
16	十六、修理费					*	*
17	十七、包装费		*		*	*	*
18	十八、技术转让费					*	*
19	十九、研究费用					*	*
20	二十、各项税费		*		*	*	*
21	二十一、利息收支	*	*	*	*		
22	二十二、汇兑差额	*	*	*	*		
23	二十三、现金折扣	*	*	*	*	*	
24	二十四、其他						
25	合计(1+2+3+…+24)						

表 5-12　　　　　　　　　　　　　　　　纳税调整项目明细表

行次	项　　目	账载金额 1	税收金额 2	调增金额 3	调减金额 4
1	一、收入类调整项目(2＋3＋4＋5＋6＋7＋8＋10＋11)	＊	＊		
2	（一）视同销售收入(填写 A105010)	＊			＊
3	（二）未按权责发生制原则确认的收入(填写 A105020)				
4	（三）投资收益(填写 A105030)				
5	（四）按权益法核算长期股权投资对初始投资成本调整确认收益	＊	＊	＊	
6	（五）交易性金融资产初始投资调整	＊	＊		＊
7	（六）公允价值变动净损益		＊		
8	（七）不征税收入	＊	＊		
9	其中：专项用途财政性资金(填写 A105040)	＊	＊		
10	（八）销售折扣、折让和退回				
11	（九）其他				
12	二、扣除类调整项目(13＋14＋15＋16＋17＋18＋19＋20＋21＋22＋23＋24＋26＋27＋28＋29)	＊	＊		
13	（一）视同销售成本(填写 A105010)	＊		＊	
14	（二）职工薪酬(填写 A105050)				
15	（三）业务招待费支出				＊
16	（四）广告费和业务宣传费支出(填写 A105060)	＊			
17	（五）捐赠支出(填写 A105070)				＊
18	（六）利息支出				
19	（七）罚金、罚款和被没收财物的损失		＊		＊
20	（八）税收滞纳金、加收利息		＊		＊
21	（九）赞助支出		＊		＊
22	（十）与未实现融资收益相关在当期确认的财务费用				
23	（十一）佣金和手续费支出				＊
24	（十二）不征税收入用于支出所形成的费用	＊	＊		＊
25	其中：专项用途财政性资金用于支出所形成的费用(填写 A105040)	＊	＊		＊
26	（十三）跨期扣除项目				
27	（十四）与取得收入无关的支出		＊		＊
28	（十五）境外所得分摊的共同支出	＊	＊		＊
29	（十六）其他				
30	三、资产类调整项目(31＋32＋33＋34)	＊	＊		
31	（一）资产折旧、摊销(填写 A105080)				
32	（二）资产减值准备金		＊		
33	（三）资产损失(填写 A105090)				
34	（四）其他				
35	四、特殊事项调整项目(36＋37＋38＋39＋40)	＊	＊		
36	（一）企业重组(填写 A105100)				
37	（二）政策性搬迁(填写 A105110)	＊	＊		

续表

行次	项　目	账载金额 1	税收金额 2	调增金额 3	调减金额 4
38	（三）特殊行业准备金（填写 A105120）				
39	（四）房地产开发企业特定业务计算的纳税调整额（填写 A105010）	*			
40	（五）其他	*	*		
41	五、特别纳税调整应税所得	*	*		
42	六、其他	*	*		
43	合计（1＋12＋30＋35＋41＋42）	*	*		

A105010

表 5-13　　　　　　　　视同销售和房地产开发企业特定业务纳税调整明细表

行次	项　目	税收金额 1	纳税调整金额 2
1	一、视同销售（营业）收入（2＋3＋4＋5＋6＋7＋8＋9＋10）		
2	（一）非货币性资产交换视同销售收入		
3	（二）用于市场推广或销售视同销售收入		
4	（三）用于交际应酬视同销售收入		
5	（四）用于职工奖励或福利视同销售收入		
6	（五）用于股息分配视同销售收入		
7	（六）用于对外捐赠视同销售收入		
8	（七）用于对外投资项目视同销售收入		
9	（八）提供劳务视同销售收入		
10	（九）其他		
11	二、视同销售（营业）成本（12＋13＋14＋15＋16＋17＋18＋19＋20）		
12	（一）非货币性资产交换视同销售成本		
13	（二）用于市场推广或销售视同销售成本		
14	（三）用于交际应酬视同销售成本		
15	（四）用于职工奖励或福利视同销售成本		
16	（五）用于股息分配视同销售成本		
17	（六）用于对外捐赠视同销售成本		
18	（七）用于对外投资项目视同销售成本		
19	（八）提供劳务视同销售成本		
20	（九）其他		
21	三、房地产开发企业特定业务计算的纳税调整额（22－26）		
22	（一）房地产企业销售未完工开发产品特定业务计算的纳税调整额（24－25）		
23	1. 销售未完工产品的收入		*
24	2. 销售未完工产品预计毛利额		
25	3. 实际发生的营业税金及附加、土地增值税		
26	（二）房地产企业销售的未完工产品转完工产品特定业务计算的纳税调整额（28－29）		
27	1. 销售未完工产品转完工产品确认的销售收入		*
28	2. 转回的销售未完工产品预计毛利额		
29	3. 转回实际发生的营业税金及附加、土地增值税		

A105050

表 5-14 职工薪酬纳税调整明细表

行次	项　目	账载金额	税收规定扣除率	以前年度累计结转扣除额	税收金额	纳税调整金额	累计结转以后年度扣除额
		1	2	3	4	5(1-4)	6(1+3-4)
1	一、工资薪金支出		*	*			*
2	其中：股权激励		*	*			*
3	二、职工福利费支出			*			*
4	三、职工教育经费支出		*				
5	其中：按税收规定比例扣除的职工教育经费						
6	按税收规定全额扣除的职工培训费用			*			
7	四、工会经费支出		2%	*			*
8	五、各类基本社会保障性缴款		*	*			*
9	六、住房公积金		*	*			*
10	七、补充养老保险		*	*			*
11	八、补充医疗保险		*	*			*
12	九、其他						
13	合计(1+3+4+7+8+9+10+11+12)		*				

A105060

表 5-15 广告费和业务宣传费跨年度纳税调整明细表

行次	项　目	金　额
1	一、本年广告费和业务宣传费支出	
2	减：不允许扣除的广告费和业务宣传费支出	
3	二、本年符合条件的广告费和业务宣传费支出(1-2)	
4	三、本年计算广告费和业务宣传费扣除限额的销售(营业)收入	
5	税收规定扣除率	
6	四、本企业计算的广告费和业务宣传费扣除限额(4×5)	
7	五、本年结转以后年度扣除额(3>6,本行=3-6；3≤6,本行=0)	
8	加：以前年度累计结转扣除额	
9	减：本年扣除的以前年度结转额[3>6,本行=0；3≤6,本行=8或(6-3)熟小值]	
10	六、按照分摊协议归集至其他关联方的广告费和业务宣传费(10≤3或6熟小值)	
11	按照分摊协议从其他关联方归集至本企业的广告费和业务宣传费	
12	七、本年广告费和业务宣传费支出纳税调整金额(3>6,本行=2+3-6+10-11；3≤6,本行=2+10-11-9)	
13	八、累计结转以后年度扣除额(7+8-9)	

A105070

表 5-16   捐赠支出纳税调整明细表

行次	受赠单位名称	公益性捐赠				非公益性捐赠	纳税调整金额
		账载金额	按税收规定计算的扣除限额	税收金额	纳税调整金额	账载金额	
		1	2	3	4	5(2-4)	6	7(5+6)
1			*	*	*		*
2			*	*	*		*
3			*	*	*		*
4			*	*	*		*
5			*	*	*		*
6			*	*	*		*
7			*	*	*		*
8	合　计						

A107010

表 5-17   免税、减计收入及加计扣除优惠明细表

行次	项　目	金　额
1	一、免税收入(2+3+4+5)	
2	（一）国债利息收入	
3	（二）符合条件的居民企业之间的股息、红利等权益性投资收益(填写 A107011)	
4	（三）符合条件的非营利组织的收入	
5	（四）其他专项优惠(6+7+8+9+10+11+12+13+14)	
6	1. 中国清洁发展机制基金取得的收入	
7	2. 证券投资基金从证券市场取得的收入	
8	3. 证券投资基金投资者获得的分配收入	
9	4. 证券投资基金管理人运用基金买卖股票、债券的差价收入	
10	5. 取得的地方政府债券利息所得或收入	
11	6. 受灾地区企业取得的救灾和灾后恢复重建款项等收入	
12	7. 中国期货保证金监控中心有限责任公司取得的银行存款利息等收入	
13	8. 中国保险保障基金有限责任公司取得的保险保障基金等收入	
14	9. 其他	
15	二、减计收入(16+17)	
16	（一）综合利用资源生产产品取得的收入(填写 A107012)	
17	（二）其他专项优惠(18+19+20)	
18	1. 金融、保险等机构取得的涉农利息、保费收入(填写 A107013)	
19	2. 取得的中国铁路建设债券利息收入	
20	3. 其他	
21	三、加计扣除(22+23+26)	
22	（一）开发新技术、新产品、新工艺发生的研究开发费用加计扣除(填写 A107014)	
23	（二）安置残疾人员及国家鼓励安置的其他就业人员所支付的工资加计扣除(24+25)	
24	1. 支付残疾人员工资加计扣除	
25	2. 国家鼓励的其他就业人员工资加计扣除	
26	（三）其他专项优惠	
27	合计(1+15+21)	

表5-18

（第三版）

研发费用加计扣除优惠明细表

行次	研发项目 *	本年研发费用明细									减：作为不征税收入处理的财政性资金用于研发的部分	可加计扣除的研发费用合计	费用化部分		资本化部分				本年研发费用加计扣除合计
		研发活动直接消耗的材料、燃料和动力费用	直接从事研发活动的本企业在职人员费用	专门用于研发活动的有关折旧费、租赁费、运行维护费	专门用于研发活动的有关无形资产摊销费	中间试验和产品试制有关的费用、样品、样机及一般测试手段购置费	研发成果论证、评审、验收、鉴定费用	勘探开发技术的现场试验费、新药研制的临床试验费	设计、制定、资料和翻译费用	年度研发费用合计			计入本年损益的金额	计入本年研发费用加计扣除额	本年形成无形资产的金额	本年形成无形资产本年加计摊销额	以前年度形成无形资产本年加计摊销额	无形资产本年加计摊销额	
	1	2	3	4	5	6	7	8	9	10(2+3+4+5+6+7+8+9)	11	12(10−11)	13	14(13×50%)	15	16	17	18(16+17)	19(14+18)
1																			
2																			
3																			
4																			
5																			
6																			
7																			
8																			
9																			
10	合计																		

A107011

符合条件的居民企业之间的股息、红利等权益性投资收益优惠明细表

表 5-19

行次	被投资企业	投资性质	投资成本	投资比例	被投资企业利润分配确认金额		被投资企业清算确认金额			撤回或减少投资确认金额						合计
					被投资企业做出利润分配或转股决定时间	依决定归属于本公司的股息、红利等权益性投资收益金额	分得的被投资企业清算剩余资产	被清算企业累计未分配利润和累计盈余公积应享有部分	应确认的股息所得	从被投资企业撤回或减少投资取得的资产	减少投资比例	收回初始投资成本	取得资产中超过收回初始投资成本部分	撤回或减少投资应享有被投资企业累计未分配利润和累计盈余公积	应确认的股息所得	
	1	2	3	4	5	6	7	8	9(7与8孰小)	10	11	12(3×11)	13(10-12)	14	15(13与14孰小)	16(6+9+15)
1																
2																
3																
4																
5																
6																
7																
8																
9																
合计	*	*	*	*	*		*	*		*	*	*	*	*		

· 97 ·

实训 5.3 企业所得税会计核算

一、能力目标

1. 能运用应付税款法进行企业所得税的会计核算。
2. 能运用资产负债表债务法进行企业所得税的会计核算。
3. 会办理以前年度损益调整的会计核算工作。

二、实训成果

1. 能按应付税款法进行企业所得税核算的会计分录。
2. 能按资产负债表债务法进行企业所得税核算的会计分录。

三、任务描述

1. 根据东海电器制造有限公司提供的第四季度收支资料，结转第四季度收支类账户到本年利润的会计分录。

2. 运用应付税款法进行东海电器制造有限公司的企业所得税会计处理。

3. 根据东方制药股份有限公司资料按以下步骤进行资产负债表债务法的核算。

（1）计算 2015 年度应税所得额。

（2）计算 2015 年度应缴企业所得税税额。

（3）计算 2015 年递延所得税资产。

（4）计算 2015 年递延所得税负债。

（5）计算 2015 年度所得税费用，列示确认所得税费用的账务处理。

四、实训条件

在税务实训室进行训练，提供企业所得税月（季）度预缴纳税申报表（A 类）、企业所得税年度纳税申报表及附表。

五、实训材料

1. 实训 5.1 的资料。

2. 企业所得税月（季）度预缴纳税申报表（A 类）（见表 5-7）、企业所得税年度纳税申报表（A 类）（见表 5-8）、企业所得税年度纳税申报表相关附表（见表 5-9～表 5-19）。

3. 东方制药股份有限公司相关材料。

东方制药股份有限公司 2015 年度利润表中利润总额为 3 000 万元，该公司适用的所得税税率为 25％，递延所得税资产及递延所得税负债不存在期初余额，2015 年发生的有关交易和事项中，会计处理与税收处理存在以下差别的有关情况。

（1）2015 年 1 月开始计提折旧的一项固定资产，成本为 1 500 万元，使用年限为 10 年，净残值为 0，会计处理按双倍余额递减法计提折旧，税收处理按直线法计提折旧。假定税法规定的使用年限及净残值与会计规定相同。

（2）向关联企业捐赠现金 500 万元。假定按照税法规定，企业向关联方的捐赠不允许税前扣除。

（3）当期取得作为交易性金融资产核算的股票投资成本为 800 万元，2015 年 12 月 31 日的公允价值为 1 200 万元。税法规定，以公允价值计量的金融资产持有期间市价变动不计入应纳税所得额。

（4）违反环保法规定应支付罚款 250 万元。

（5）期末对持有的存货计提了 75 万元的存货跌价准备。

2015 年 12 月 31 日资产负债表相关项目期末金额见表 5-20。

表 5-20　　　　　　　　　　　　　资产负债表相关项目金额　　　　　　　　　　单位：万元

项　　目	账面价值	计税基础	差　异	
			应纳税暂时性差异	可抵扣暂时性差异
存货	2 000			
固定资产				
固定资产原价	1 500			
减：累计折旧	300			
减：固定资产减值准备	0			
固定资产账面价值	1 200			
交易性金融资产	1 200			
其他应付款	250			
总　　计				

个人所得税计算申报与核算

实训 6.1 个人所得税税款计算

一、能力目标

1. 能根据个人的不同所得分类计算扣缴个人所得税应纳税额。
2. 会汇总计算个人所得税全年的应纳税额。

二、实训成果

1. 分类计算的个人所得税代扣税额。
2. 汇总计算的全年个人所得税应纳税额。

三、任务描述

根据资料按以下顺序回答问题。

（1）计算泰华网络有限公司代扣李泉之1~12月工资薪金收入应缴纳的个人所得税。

（2）计算泰华网络有限公司代扣李泉之年终奖金收入应缴纳的个人所得税。

（3）计算甲公司代扣李泉之专利权收入应缴纳的个人所得税。

（4）计算东海外贸公司代扣李泉之翻译收入应缴纳的个人所得税。

（5）计算报社、出版社代扣李泉之稿酬收入应缴纳的个人所得税。

（6）计算体育彩票中心代扣李泉之购买体育彩票获奖收入应缴纳的个人所得税。

（7）计算李泉之 A 国讲学收入在我国应缴纳的个人所得税。

（8）计算李泉之 B 国讲学收入在我国应缴纳的个人所得税。

（9）编制个人所得税应纳税额汇总计算表，计算李泉之 2015 年度应缴纳的个人所得税及以补缴的个人所得税税额。

四、实训条件

在税务实训室进行训练,提供李泉之收入情况和各类收入凭证、计算表格等资料。

五、实训材料

1. 李泉之个人的基本情况

纳税人姓名:李泉之

国籍:中国

身份证号码:33012319650606××××

经常居住地:浙江杭州大山路 96 号

邮政编码:310001

联系电话:1370571××××

受雇企业:泰华网络有限公司

2. 李泉之 2015 年 1~12 月收入情况

(1) 每月取得工资和年终奖及扣缴的"三费一金"情况如表 6-1 所示,泰华网络公司按规定代扣代缴了个人所得税。

表 6-1　　　　　　　李泉之工资薪金所得情况表

月份	基本工资及岗位工资	伙食补助	月奖	住房补贴	季度奖	应发工资	住房公积金	基本养老保险费	基本医疗保险费	失业保险费	三费一金合计
	①	②	③	④	⑤	⑥	⑦	⑧	⑨	⑩	
1	4 000	1 000	1 200	2 000		8 200	1 000	960	240	100	2 300
2	4 000	1 000	1 200	2 000		8 200	1 000	960	240	100	2 300
3	4 000	1 000	1 200	2 000	3 000	11 200	1 000	960	240	100	2 300
4	4 000	1 000	1 200	2 000		8 200	1 000	960	240	100	2 300
5	4 000	1 000	1 200	2 000		8 200	1 000	960	240	100	2 300
6	4 000	1 000	1 200	2 000	3 000	11 200	1 000	960	240	100	2 300
7	4 000	1 000	1 200	2 000		8 200	1 000	960	240	100	2 300
8	4 000	1 000	1 200	2 000		8 200	1 000	960	240	100	2 300
9	4 000	1 000	1 200	2 000	3 000	11 200	1 000	960	240	100	2 300
10	4 000	1 000	1 200	2 000		8 200	1 000	960	240	100	2 300
11	4 000	1 000	1 200	2 000		8 200	1 000	960	240	100	2 300
12	4 000	1 000	1 200	2 000	3 000	11 200	1 000	960	240	100	2 300
年终奖金	—	—	—	—	—	24 000	—	—	—	—	—
合计						134 400					27 600

(2) 7 月转让一项专利转让给甲公司,取得收入 14 500 元,甲公司按规定代扣税金。

(3) 8 月为东海外贸公司翻译资料,取得收入 20 000 元,从中先后拿出 6 000 元、5 000 元,通过农村义务教育基金会和国家机关分别捐给了农村义务教育和贫困地区。东海外贸公司在支付时未代扣税金。

（4）小说在报刊上连载 50 次后出版，10 月分别取得报社支付的稿酬 50 000 元、出版社支付的稿酬 80 000 元，报社和出版社均按规定代扣了个人所得税。

（5）11 月购买体育彩票获奖 25 000 元，按规定缴纳了个人所得税。

（6）9 月在 A、B 两国讲学分别取得收入 18 000 元和 35 000 元，已分别按收入来源国税法缴纳了个人所得税 2 000 元和 6 000 元。

3. 相关表单

个人所得税应纳税额汇总计算表见表 6-2。

提示：公益性捐赠的扣除规定。

个人将其所得通过中国境内的社会团体、国家机关向教育和其他社会公益事业，以及遭受严重自然灾害地区、贫困地区的公益、救济性捐赠，捐赠额未超过纳税义务人申报的应纳税所得额 30% 的部分，准予从其应纳税所得额中扣除。个人通过非营利性的社会团体和国家机关，向红十字事业、农村义务教育，以及公益性青少年活动场所的捐赠，可以全额税前扣除。

表 6-2 个人所得税应纳税额汇总计算表

序号	所得项目	收入额	扣除额	应纳税所得额	税率	速算扣除数	应纳税额	已缴（扣）税金	应补（退）税额
1									
2									
3									
4									
5									
6									
7									
8									
9									
10									
11									
12									
13									
14									
15									
16									
17									
18									
19									
20									
21									
合计									

实训 6.2　个人所得税税款申报

一、能力目标

1. 会办理个人所得税的扣缴申报工作,正确填写扣缴个人所得税月份报告表和支付个人收入明细表。

2. 会办理年终个人所得税的自行申报业务,正确填写个人所得税年度纳税申报表。

二、实训成果

1. 扣缴个人所得税月份报告表、支付个人收入明细表。

2. 个人所得税年度纳税申报表。

三、任务描述

1. 根据李泉之 2015 年的工资薪金所得,填写泰华网络有限公司 12 月份扣缴个人所得税月份报告表和支付个人收入明细表。

2. 根据李泉之 2015 年全部的收入,填写个人所得税年度纳税申报表。

四、实训条件

在税务实训室进行训练,提供扣缴个人所得税月份报告表、支付个人收入明细表、个人所得税纳税申报表。

五、实训材料

1. 实训 6.1 的资料。

2. 扣缴个人所得税报告表(见表 6-3)、个人所得税纳税申报表(见表 6-4)、支付个人收入明细表(见表 6-5)。

表 6-3

扣缴义务人编码：□□□□□□□□□□

扣缴义务人名称：（公章）

扣缴个人所得税报告表

金额单位：元（列至角分）

填表日期：　年　月　日

序号	纳税人姓名	身份证照类型	身份证照号码	国籍	所得项目	所得期间	收入额	免税收入额	允许扣除的税费	费用扣除标准	准予扣除的捐赠额	应纳税所得额	税率/%	速算扣除数	应扣税额	已扣税额	备注
1	2	3	4	5	6	7	8	9	10	11	12	13	14	15	16	17	18
合计										—	—	—	—	—			

扣缴义务人声明

我声明：此扣缴报告表是根据国家税收法律、法规的规定填报的，我确定它是真实的、可靠的、完整的。

声明人签字：

会计主管签字：　　　　负责人签字：　　　　扣缴单位（或法定代表人）：（签章）

受理人：（签章）　　受理日期：　年　月　日　　受理税务机关：（章）

本表一式两份，一份扣缴义务人留存，一份报主管税务机关。

104

表 6-4

个人所得税纳税申报表
（适用于年所得12万元以上的纳税人申报）

所得年份：　　　　年　　　　　　填表日期：　　　年　　月　　日　　　　　　金额单位：人民币元（列至角分）

纳税人姓名		国籍（地区）		身份证照号码				身份证照号码				备注
任职、受雇单位		任职、受雇单位所属行业		任职、受雇单位税务代码				职务		职业		
在华天数		境内有效联系地址		境内有效联系地址邮编				联系电话				
此行由取得经营所得的纳税人填写	经营单位纳税人识别号			经营单位纳税人名称								

所得项目	年所得额			应纳税所得额	应纳税额	已缴（扣）税额	抵扣税额	减免税额	应补税额	应退税额	备注
	境内	境外	合计								
1. 工资、薪金所得											
2. 个体工商户的生产、经营所得											
3. 对企事业单位的承包经营、承租经营所得											
4. 劳务报酬所得											
5. 稿酬所得											
6. 特许权使用费所得											
7. 利息、股息、红利所得											
8. 财产租赁所得											
9. 财产转让所得											
其中：股票转让所得								—	—	—	
个人房屋转让所得											
10. 偶然所得											
11. 其他所得											
合 计								—	—		

我声明，此纳税申报表是根据《中华人民共和国个人所得税法》及有关法律、法规的规定填报的，我保证它是真实的、可靠的、完整的。

纳税人：（签字）

代理人：（签字）　　　　　　联系电话：　　　　　　　　　年　月　日

税务机关受理人：（签字）　　税务机关受理时间：　　年　月　日　　受理申报税务机关名称：（盖章）

表 6-5   支付个人收入明细表

扣缴义务人编码：☐☐☐☐☐☐☐☐☐☐☐☐☐☐☐☐☐

扣缴义务人名称：（公章）   金额单位：元（列至角分）

所属期：　年　月　日至　年　月　日   填表日期：　年　月　日

姓　名	身份证照类型及号码	收入额						备　注
		合　计	工资薪金所得	承包、承租所得	劳务报酬所得	利息、股息、红利所得	其他各项所得	
1	2	3	4	5	6	7	8	9
合　计								

制表人：   审核人：

本表一式两份，一份扣缴义务人留存，一份报主管税务机关。

实训 6.3　个人所得税会计核算

一、能力目标

1. 能进行个人所得税工资薪金所得项目代扣代缴的会计核算。
2. 能办理个人所得税其他项目代扣代缴的会计核算。

二、实训成果

1. 个人所得税工资薪金所得代扣代缴的会计分录。
2. 个人所得税其他所得代扣代缴的会计分录。

三、任务描述

1. 根据李泉之的工资薪金所得，编制泰华网络有限公司 12 月份在支付工资、季度奖、年终奖时代扣代缴个人所得税的会计分录。

2. 根据李泉之转让专利权所得，编制甲公司在购买专利权支付费用时代扣代缴个人所得税的会计分录。

四、实训条件

在税务实训室进行训练,提供扣缴个人所得税月份报告表、支付个人收入明细表、个人所得税纳税申报表、记账凭证等。

五、实训材料

实训 6.1 和实训 6.2 的资料。

项目7 其他税种计算申报与核算

实训 7.1 城市维护建设税计算申报与核算

一、能力目标

1. 能按月计算城市维护建设税及教育费附加金额。
2. 会办理城市维护建设税的纳税申报。
3. 能进行城市维护建设税的涉税会计处理。

二、实训成果

1. 城市维护建设税纳税申报表。
2. 城市维护建设税的涉税会计分录。

三、任务描述

1. 根据东海酒业有限公司提供的 2016 年 7 月资料,计算该企业 7 月应缴纳的城市维护建设税税额及教育费附加。
2. 填写东海酒业有限公司城市维护建设税的纳税申报表。
3. 编制东海酒业有限公司城市维护建设税及教育费附加的相关会计分录。

四、实训条件

在税务实训室进行训练,提供东海酒业有限公司流转税缴纳情况,各类税收计算表等资料。

五、实训材料

1. 企业基本情况。

企业名称：东海酒业有限公司

法定代表：陈东方

财务负责人：王大平

办税人：李兴业

财会人员：共 4 人

注册资本：1 000 万元

成立时间：2008 年 7 月 26 日

税务登记号：330632584744127

开户银行及账号：工商银行东海分行　1553752909

企业地址及电话：东海市东京路 1210 号　0136-8803975

经营范围：各类酒及相关制品

2. 2016 年 7 月涉税相关资料。

（1）7 月 10 日缴纳 6 月城市维护建设税及教育费附加（浙江省另加地方教育费附加 2%）如表 7-1 所示。

表 7-1

中华人民共和国税收缴款书

No.4455582　　　　　　　　　　填发日期：2016 年 07 月 10 日　　　地缴字（甲）隶属关系　　经济类型：

缴款单位（人）	代　码	330632584744127	预算科目	编码	×××××
	全　称	东海酒业有限公司		名称	股份制企业城市维护建设税
	开户银行	工商银行东海分行		级次	县（市）级
	账　号	1553752909	收缴国库		

税款所属日期：2016 年 6 月 1 日至 2016 年 6 月 30 日　　　税款限缴日期：2016 年 7 月 15 日

品目名称	课税数量	计税金额或销售收入	税率或单位税额	已缴或扣除额	实缴税额
城市维护建设税		120 000	0.07		8 400
教育费附加		120 000	0.03		3 600
地方教育费附加		120 000	0.02		2 400
金额合计	人民币（大写）壹万肆仟肆佰元整				￥14 400

缴款单位（人）：（盖章）　经办人：（章）

税务机关：　填票人：（章）

上列款项已收妥并划转收款单位账户
国库（银行）：（盖章）　　年　月　日

备注：

（左侧竖排）无银行收讫章无效

（右侧竖排）第一联：（收据）国库收款盖章后退缴款单位（人）作完税凭证

109

(2) 消费税应纳税额计算表（见表 7-2）。

表 7-2 　　　　　　　　　　　　应纳税额（消费税）计算表

2016 年 07 月　　　　　　　　　　　　单位：元（列至角分）

应纳税额合计	已代扣代缴消费税	准许抵扣的已纳税款	实际应纳消费税税额
100 000	0	0	100 000

会计主管：　王大平印　　　　　　　　　　　　　　制单：李兴业

（3）增值税应纳税额计算表（见表 7-3）。

表 7-3 　　　　　　　　　　　　应纳税额（增值税）计算表

2016 年 07 月　　　　　　　　　　　　单位：元（列至角分）

上期留抵税款	本期进项税额	本期销项税额	本期应纳税额
0	55 800	86 800	31 000

会计主管：　王大平印　　　　　　　　　　　　　　制单：李兴业

3. 城市维护建设税及教育费附加计算表（见表 7-4）和城市维护建设税纳税申报表
（见表 7-5）。

表 7-4 　　　　　　　　　　城市维护建设税及教育费附加计算表

年　　月　　　　　　　　金额单位：元（列至角分）

税费名称	计税依据			税率（征收率）	应交税（费）金额
	增值税	消费税	合计		
城市维护建设税					
教育费附加					
地方教育费附加					
合　计					

表 7-5 　　　　　　　　　　　城市维护建设税纳税申报表

纳税人识别号：　　　　　　　填表日期：　年　月　日　　　金额单位：元（列至角分）

纳税人名称		税款所属时期			
计税依据	计税金额	税率	应纳税额	已纳税额	应补（退）税额
1	2	3	4＝2×3	5	6＝4－5
增值税					
消费税					
合　计					
如纳税人填报，由纳税人填写以下各栏		如委托代理人填报，由代理人填写以下各栏			备注
会计主管：（签章）	纳税人：（公章）	代理人名称		代理人：（公章）	
		代理人地址			
		经办人		电话	
以下由税务机关填写					
收到申报表日期		接收人			

110

实训 7.2 房产税计算申报与核算

一、能力目标

1. 能正确计算房产税应纳税额。
2. 会办理房产税的纳税申报。
3. 能进行房产税的涉税会计处理。

二、实训成果

1. 房产税纳税申报表。
2. 房产税的涉税会计分录。

三、任务描述

1. 根据东海集团有限公司提供的 2015 年资料,计算该企业 2015 年应缴纳的房产税税额。
2. 填写东海集团有限公司房产税的纳税申报表。
3. 编制东海集团有限公司房产税的相关会计分录。

四、实训条件

在税务实训室进行训练,提供东海集团有限公司与房产税相关情况,税收计算、申报表等资料。

五、实训材料

1. 企业基本情况。
企业名称:东海集团有限公司
企业性质:国有企业
法定代表:潘刚
财务负责人:陈杰
办税人:王珍
财会人员:共 4 人

营业地址：东海市酒仙桥 238 号

开户银行：工商银行酒仙桥分理处

账　　　号：9550012364151171245

税务登记号：330632873744378

2. 2015 年涉及房产税的相关资料。

房屋登记卡见表 7-6～表 7-11，该地区扣除率一律为 30%。

表 7-6　　　　　　　　　　　　　　　房屋登记卡（正面）

房屋编号：1 号楼　　　　　　　　　　　　　　　　　　　　　　　金额单位：万元

财产	统一		设卡日期：2007 年 6 月 1 日			
	分类	房屋及建筑物				
	编号	01				
建筑物标识	基地坐落	杭州市酒仙桥 238 号	使用单位		用途	
	楼号或门牌	1 号楼	东海集团有限公司		行政办公用房	
	保存登记					
	来源	自建	屋顶	屋架	墙面	地面
	建筑日期	2005 年 12 月 5 日	水泥顶、琉璃瓦	框架结构	混砖	大理石
	使用年限	20 年				
	原始总值	2 000				
	式样					
建筑面积	层次	面积（平方米）	户型	备　注		
	合计	5 000				
	其中：					

表 7-7　　　　　　　　　　　　　　　房屋登记卡（正面）

房屋编号：2 号楼　　　　　　　　　　　　　　　　　　　　　　　金额单位：万元

财产	统一		设卡日期：2007 年 6 月 1 日			
	分类	房屋及建筑物				
	编号	02				
建筑物标识	基地坐落	杭州市酒仙桥 238 号	使用单位		用途	
	楼号或门牌	2 号楼	东海集团有限公司		生产用房	
	保存登记					
	来源	自建	屋顶	屋架	墙面	地面
	建筑日期	2005 年 6 月 5 日	水泥顶	框架结构	混砖	水泥
	使用年限	20 年				
	原始总值	2 200				
	式样					
建筑面积	层次	面积（平方米）	户型	备　注		
	合计	12 000				
	其中：					

表 7-8 　　　　　　　　　　　　　**房屋登记卡（正面）**

房屋编号：3 号楼　　　　　　　　　　　　　　　　　　　　　　　金额单位：万元

财产	统一		设卡日期：2007 年 6 月 1 日			
	分类	房屋及建筑物				
	编号	03				
建筑物标识	基地坐落	杭州市酒仙桥 238 号	使用单位		用途	
	楼号或门牌	3 号楼			空闲	
	保存登记					
	来源	自建	屋顶	屋架	墙面	地面
	建筑日期	2006 年 6 月 5 日				
	使用年限	20 年	水泥顶	框架结构	混砖	水泥
	原始总值	100				
	式样					
建筑面积	层次	面积（平方米）	户型	备　注		
	合计	500		2015 年 6 月 30 日，投资给杭州佳艺广告公司使用，协议规定，每月向杭州佳艺广告公司收取固定收入 3 万元，期限 3 年		
	其中：					

表 7-9 　　　　　　　　　　　　　**房屋登记卡（正面）**

房屋编号：4 号楼　　　　　　　　　　　　　　　　　　　　　　　金额单位：万元

财产	统一		设卡日期：2007 年 6 月 1 日			
	分类	房屋及建筑物				
	编号	04				
建筑物标识	基地坐落	杭州市酒仙桥 238 号	使用单位		用途	
	楼号或门牌	4 号楼			空闲	
	保存登记					
	来源	自建	屋顶	屋架	墙面	地面
	建筑日期	2006 年 12 月 5 日				
	使用年限	20 年	水泥顶	框架结构	混砖	水泥
	原始总值	150				
	式样					
建筑面积	层次	面积（平方米）	户型	备　注		
	合计	700		2015 年 8 月 31 日，转让给杭州好利来宾馆，收到转让款 120 万元，支付转让过程中发生的税金及费用 10 万元，账面显示该房产已提折旧 30 万元		
	其中：					

表 7-10　　　　　　　　　　　　　房屋登记卡（正面）

房屋编号：5 号楼　　　　　　　　　　　　　　　　　　　　金额单位：万元

财产	统一		设卡日期：2007 年 6 月 1 日			
	分类	房屋及建筑物				
	编号	05				
建筑物标识	基地坐落	杭州市酒仙桥 238 号	使用单位		用途	
	楼号或门牌	5 号楼			空闲	
	保存登记					
	来源	自建	屋顶	屋架	墙面	地面
	建筑日期	2006 年 12 月 5 日				
	使用年限	20 年	水泥顶	框架结构	混砖	水泥
	原始总值	150				
	式样					
建筑面积	层次	面积（平方米）	户型	备　注		
	合计	700		2015 年 1 月 1 日出租给杭州龙发批发商场，协议规定，每月收取房租 24 000 元，期限 5 年		
	其中：					

表 7-11　　　　　　　　　　　　　房屋登记卡（正面）

房屋编号：6 号楼　　　　　　　　　　　　　　　　　　　　金额单位：万元

财产	统一		设卡日期：2015 年 3 月 14 日			
	分类	房屋及建筑物				
	编号	06				
建筑物标识	基地坐落	杭州市酒仙桥 238 号	使用单位		用途	
	楼号或门牌	6 号楼	集团公司		生产用房	
	保存登记					
	来源	自建	屋顶	屋架	墙面	地面
	建筑日期	2015 年 3 月 14 日				
	使用年限	20 年	水泥顶	框架结构	混砖	水泥
	原始总值	1 200				
	式样					
建筑面积	层次	面积（平方米）	户型	备　注		
	合计	8 000				
	其中：					

3. 2015 年房产税应纳税额计算表（见表 7-12）和房产税纳税申报表（见表 7-13）。

表 7-12

2015 年度房产税应纳税额计算表

金额单位：元（列至角分）

楼号	房产原值	按房产余值计征房产税				按租金收入计征房产税			全年应纳税额
		扣除率	房产余值	适用税率	应纳税额	租金收入	适用税率	应纳税额	
合　计									

表 7-13

（第三页）

房产税纳税申报表

税款所属期：自　年　月　日　至　年　月　日　　　填表日期：　年　月　日

金额单位：元至角分；面积单位：平方米

纳税人识别号 □□□□□□□□□□□□□□□

纳税人信息	名称					纳税人分类	单位□　个人□	
	登记注册类型					所属行业		
	身份证件类型	身份证□　护照□　其他□				身份证件号码		
	联系人					联系方式		

一、从价计征房产税

房产编号	房产原值	其中：出租房产原值	计税比例	税率	所属期起	所属期止	本期应纳税额	本期减免税额	本期已缴税额	本期应补（退）税额
1	*									
2	*									
3	*									
4	*									
5	*									
6	*									
合计	*	*	*	*	*	*				

二、从租计征房产税

	本期申报租金收入	税率	本期应纳税额	本期减免税额	本期已缴税额	本期应补（退）税额
1						
2		*				
合计		*				

以下由纳税人填写：

纳税人声明	此纳税申报表是根据《中华人民共和国房产税暂行条例》和国家有关税收规定填报的，是真实的、可靠的、完整的。		
纳税人签章		代理人签章	代理人身份证号

以下由税务机关填写：

受理人		受理日期　年　月　日	受理税务机关签章

本表一式两份，一份纳税人留存，一份税务机关留存。

实训 7.3 印花税计算缴纳与核算

一、能力目标

1. 能按不同应税凭证计算印花税金额。
2. 会办理印花税的纳税申报。
3. 能进行印花税的涉税会计处理。

二、实训成果

1. 印花税纳税申报表。
2. 印花税的涉税会计分录。

三、任务描述

1. 根据东海科技有限公司提供的 2016 年资料,计算该企业 2016 年应缴纳的印花税税额。
2. 填写东海科技有限公司印花税的纳税申报表。
3. 编制东海科技有限公司印花税的相关会计分录。

四、实训条件

在税务实训室进行训练,提供东海科技有限公司与印花税相关情况,税收计算申报表等资料。

五、实训材料

1. 企业基本情况。

企业名称:东海科技有限公司

企业性质:私营企业

法定代表:张东立

财务负责人:王立新

办税人:李高业

财会人员:共 3 人

营业地址:东海市百城汇路 321 号

开户银行：工商银行黄龙支行分理处

账　　　号：955001367415151278

2. 2016 年涉及印花税的相关资料。

（1）东海科技有限公司于 2016 年 3 月在百城汇路开业，到东海市工商行政管理局办理企业法人营业执照正、副本各一件，分别如图 7-1 和图 7-2 所示。

营 业 执 照

统一社会信用代码 **91280632ARE74DFL78**

名　　　称　东海科技有限公司
类　　　型　有限责任公司
住　　　所　东海市百城汇路 321号
法 定 代 表 人　张东立
注 册 资 本　人民币 2 000万元
成 立 日 期　2016 年 03 月 26 日
营 业 期 限　2016 年 03 月 26 日至长期
经 营 范 围　各类酒及相关制品

（依法需经批准的项目，经相关部门批准后方可开展经营活动）
登 记 机 关
2016 年 03 月 26 日

图 7-1　企业法人营业执照正本

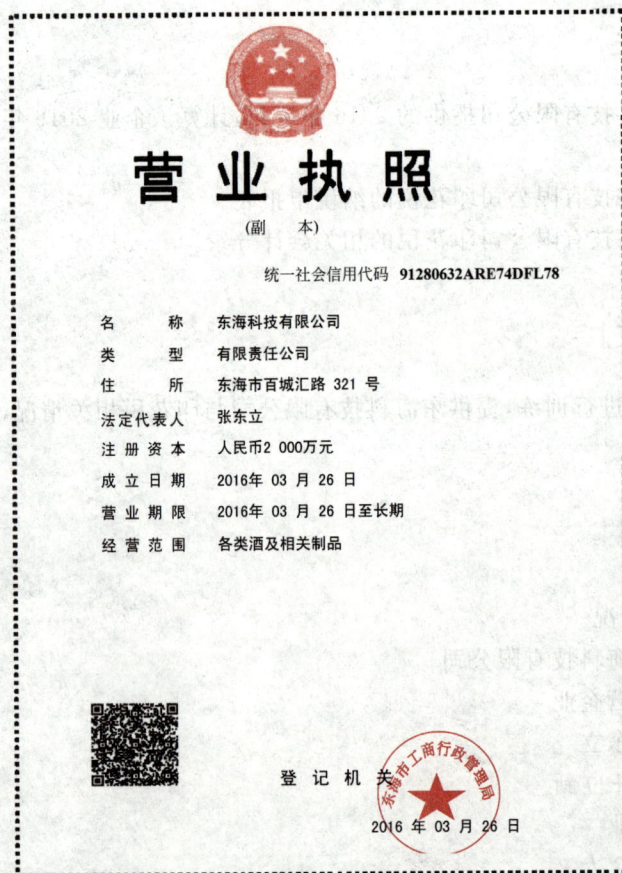

营 业 执 照

（副 本）

统一社会信用代码　**91280632ARE74DFL78**

名　　　称　　东海科技有限公司

类　　　型　　有限责任公司

住　　　所　　东海市百城汇路 321 号

法 定 代 表 人　　张东立

注 册 资 本　　人民币2 000万元

成 立 日 期　　2016年 03 月 26 日

营 业 期 限　　2016年 03 月 26 日至长期

经 营 范 围　　各类酒及相关制品

登 记 机 关
2016 年 03 月 26 日

图 7-2　企业法人营业执照副本

(2) 2016 年 4 月 5 日，因从东海市国土资源局受让新城区 08 号商业用地，办理国有土地使用证一件，如图 7-3 所示。

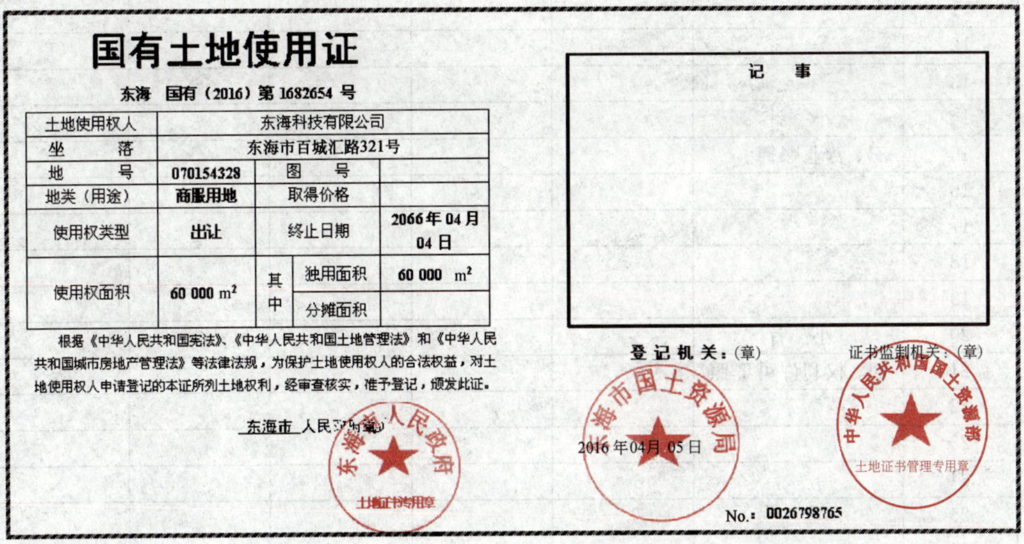

国有土地使用证

东海　国有（2016）第 1682654 号

土地使用权人	东海科技有限公司		
坐　　落	东海市百城汇路321号		
地　　号	070154328	图　　号	
地类（用途）	商服用地	取得价格	
使用权类型	出让	终止日期	2066年04月04日
使用权面积	60 000 m²	其中 独用面积	60 000 m²
		其中 分摊面积	

根据《中华人民共和国宪法》、《中华人民共和国土地管理法》和《中华人民共和国城市房地产管理法》等法律法规，为保护土地使用权人的合法权益，对土地使用权人申请登记的本证所列土地权利，经审查核实，准予登记，颁发此证。

东海市 人民政府（章）

记　事

登记机关：（章）

2016 年04月 05 日

证书监制机关：（章）

No.：0026798765

图 7-3　国有土地使用证

(3) 企业 3 月开业时，注册资金 2 000 万元，实收资本 1 800 万元，建账时共设 3 个营业账簿，1 个资金账簿。3 个营业账簿均各设 1 个副本。

(4) 正式签订购销合同 20 份，共载金额 500 万元。由于销货方违约，其中 1 份金额 10 万元的购货合同没有按期履行。

(5) 向银行借款，签订借款合同 3 份，借款金额共计 150 万元，利率 8%。

(6) 开发一项国家重点项目，获得银行无息贷款 50 万元，并签订无息贷款合同。

(7) 与某公司签订一份技术转让合同，金额 40 万元。

(8) 2016 年年底，假定公司资金账簿中实收资本 2 000 万元，资本公积 300 万元。

3. 2016 年印花税应纳税额计算表(见表 7-14)和印花税纳税申报表(见表 7-15)。

表 7-14　　2016 年度印花税应纳税额计算表

金额单位：元(列至角分)

序号	应税凭证名称	件数	计税金额	适用税率	应纳税额	备注
1	一、合同					
2						
3						
4						
5						
6						
7	小　计					
8	二、产权转移书据					
9						
10						

序号	应税凭证名称	件数	计税金额	适用税率	应纳税额	备注
11						
12						
13						
14	小　计					
15	三、营业账簿					
16						
17						
18						
19						
20	小　计					
21	四、权利许可证照					
22						
23						
24						
25						
26						
27	小　计					
28	总　计					

表 7-15　　　　　　　　　　　　　印花税纳税申报表

纳税人识别号：□□□□□□□□□□□□□□□

纳税人名称：（公章）

税款所属期限：自　年　月　日至　年　月　日

　　　　　　　　　　　填表日期：　年　月　日　　　金额单位：元（列至角分）

应　税　凭　证	计税金额或件数	适用税率	核 定 征 收		本期应纳税额	本期已缴税额	本期应补（退）税额
			核定依据	核定比例	$5=1\times2+2\times3\times4$		$7=5-6$
	1	2	3	4		6	
购销合同		0.3‰					
加工承揽合同		0.5‰					
建设工程勘察设计合同		0.5‰					
建筑安装工程承包合同		0.3‰					
财产租赁合同		1‰					
货物运输合同		0.5‰					
仓储保管合同		1‰					
借款合同		0.05‰					
财产保险合同		1‰					
技术合同		0.3‰					
产权转移书据		0.5‰					

应 税 凭 证	计税金额或件数	适用税率	核 定 征 收		本期应纳税额	本期已缴税额	本期应补（退）税额
			核定依据	核定比例			
	1	2	3	4	5＝1×2+2×3×4	6	7＝5－6
营业账簿（记载资金的账簿）		0.5‰	—	—			
营业账簿（其他账簿）		5	—	—			
权利、许可证照		5	—	—			
合　计	—	—	—	—			

纳税人或代理人声明： 　　此纳税申报表是根据国家税收法律的规定填报的，我确信它是真实的、可靠的、完整的。	如纳税人填报，由纳税人填写以下各栏		
	经办人 （签章）	会计主管 （签章）	法定代表人（签章）
	如委托代理人填报，由代理人填写以下各栏		
	代理人名称		代理人（公章）
	经办人（签章）		
	联系电话		

以下由税务机关填写

| 受理人 | | 受理日期 | | 受理税务机关（签章） | |

实训7.4　车船税计算申报与核算

一、能力目标

1. 能正确计算车船税应纳税额。
2. 会办理车船税的纳税申报。
3. 能进行车船税的涉税会计处理。

二、实训成果

1. 车船税纳税申报表。
2. 车船税的涉税会计分录。

三、任务描述

1. 根据东风鹏景集团有限公司提供的 2015 年资料，计算该企业 2015 年应缴纳的车船税税额。

2. 填写东风鹏景集团有限公司车船税的纳税申报表。

3. 编制东风鹏景集团有限公司车船税的相关会计分录。

四、实训条件

在税务实训室进行训练，提供东风鹏景集团有限公司与车船税相关情况、税收计算、申报表等资料。

五、实训材料

1. 企业基本情况。

企业名称：东风鹏景集团有限公司

企业性质：国有企业

法定代表：潘小春

财务负责人：罗小闫

办税人：罗小闫

营业地址：浙江省杭州工业园区工业大道 238 号

开户银行：工商银行杭州工业园区分理处

账号：955661365845451370

税务登记号：024106741843690

2. 东风鹏景集团 2015 年有关资料，见表 7-16～表 7-20。

表 7-16 　　　　　　　　　固定资产登记卡（正面）

总账科目：固定资产　　　　　　　本卡编号：101

明细科目：车辆　　　　　　　财产编号：车辆 001 　　　　设卡日期：2010 年 5 月 15 日

中文名称	帕萨特领驭		设定日期					
整备质量	1.522 吨		抵押行库					
规格型号	1.8 升 自动尊杰型		解除日期					
车牌号码	浙 A-××××	抵押权设定、解除及保险记录	投保日期					
购置日期	2010.05.15		承保公司					
购置金额	215 000 元		保单号码					
载客人数	4 人		险　别					
使用年限	10 年		费　率					
用　途	领导用车		保险费					
备注	2012 年起浙江省乘用车车船税年税额规定如下：排气量 1.0（含）升以下的 180 元；1.0 升以上至 1.6（含）升的 300 元；1.6 升以上至 2.0（含）升的 360 元；2.0 升以上至 2.5（含）升的 660 元；2.5 升以上至 3.0（含）升的 1 500 元；3.0 升以上至 4.0（含）升的 3 000 元；4.0 升以上的 4 500 元。							

表 7-17　　　　　　　　　　　**固定资产登记卡（正面）**

总账科目：固定资产　　　　　　　　本卡编号：102

明细科目：车辆　　　　　　　　　　财产编号：车辆 002　　　　设卡日期：2010 年 6 月 15 日

中文名称	金杯面包车	抵押权设定、解除及保险记录	设定日期			
整备质量	2.6 吨		抵押行库			
规格型号	2.4 升 商务旗舰型		解除日期			
车牌号码	浙 A-××××		投保日期			
购置日期	2010.06.15		承保公司			
购置金额	185 000 元		保单号码			
载客人数	14 人		险　别			
使用年限	10 年		费　率			
用　途	公务用车		保险费			
备注	\multicolumn{6}{l}{2012 年起浙江省商用车车船税年税额规定如下：核定载客人数 20(含) 人以上的大型客车年税额为 540 元,核定载客人数 9 人以上 20 人以下的小型客车年税额为 480 元。}

表 7-18　　　　　　　　　　　**固定资产登记卡（正面）**

总账科目：固定资产　　　　　　　　本卡编号：103

明细科目：车辆　　　　　　　　　　财产编号：车辆 003　　　　设卡日期：2010 年 7 月 10 日

中文名称	东风货车	抵押权设定、解除及保险记录	设定日期			
整备质量	4.325 吨		抵押行库			
规格型号	EQ1080TJ12D5		解除日期			
车牌号码	浙 A-××××		投保日期			
购置日期	2010.07.10		承保公司			
购置金额	60 000 元		保单号码			
载客人数			险　别			
使用年限	5 年		费　率			
用　途	货运用车		保险费			
备注	\multicolumn{6}{l}{2012 年起浙江省商用车车船税年税额规定如下：货车按整备质量每吨年税额为 60 元,挂车按货车税额的 50% 计算。}

表 7-19　　　　　　　　　　　**固定资产登记卡（正面）**

总账科目：固定资产　　　　　　　　本卡编号：104

明细科目：车辆　　　　　　　　　　财产编号：车辆 004　　　　设卡日期：2010 年 9 月 12 日

中文名称	全挂车	抵押权设定、解除及保险记录	设定日期			
整备质量	4 吨		抵押行库			
规格型号	×××××		解除日期			
车牌号码	浙 A-××××		投保日期			
购置日期	2010.09.12		承保公司			
购置金额	30 000 元		保单号码			
载客人数			险　别			
使用年限	5 年		费　率			
用　途	货运用车		保险费			
备注	\multicolumn{6}{l}{2012 年起浙江省商用车车船税年税额规定如下：货车按整备质量每吨年税额为 60 元,挂车按货车税额的 50% 计算。}

表 7-20　　　　　　　　　　　**固定资产登记卡（正面）**

总账科目：固定资产　　　　　　　本卡编号：105

明细科目：车辆　　　　　　　　　财产编号：车辆 005　　　　设卡日期：2010 年 10 月 11 日

中文名称	叉车	抵押权设定、解除及保险记录	设定日期			
整备质量	3 吨		抵押行库			
规格型号	××××		解除日期			
车牌号码	浙 A-×××××		投保日期			
购置日期	2010.10.11		承保公司			
购置金额	50 000 元		保单号码			
载客人数			险　别			
使用年限	10 年		费　率			
用途	货物装卸		保险费			
备注	2012 年起浙江省商用车车船税年税额规定如下：货车按整备质量每吨年税额为 60 元，挂车按货车税额的 50% 计算。					

　　3. 2015 年度车船税应纳税额计算表（见表 7-21）和车船税纳税申报表（见表 7-22）。

表 7-21　　　　　　　　　**2015 年度车船税应纳税额计算表**

金额单位：元（列至角分）

序号	车辆编号	车船类别	计税标准	数量	单位税额	全年应纳税额	备注
合　计							

表 7-22　　　　　　　　　　　**车船税纳税申报表**

税款所属时间：　　　　　　　填报日期：　年　月　日　　　　金额单位：元(列至角分)

纳税人名称						企业编码			
地　　址						邮政编码			
办税员姓名			电话			税务登记号			
车船类别	计税标准	数量	单位税额	全年应纳税额	年缴纳次数	本　　期			
						应纳税额	已纳税额	应补(退)税额	
1	2	3	4	5=3×4	6	7=5÷6	8	9=7-8	
合计									
如纳税人填报,由纳税人填写以下各栏				如委托代理人填报,由委托代理人填写以下各栏				备注	
会计主管： (签章)		纳税人： (公章)		代理人名称				代理人： (公章)	
				代理人地址					
				经办人姓名				电话	
以下由税务机关填写									
收到申报表日期					接收人				

实训 7.5　契税会计核算与申报

一、能力目标

1. 能正确计算契税应纳税额。
2. 会办理契税的纳税申报。
3. 能进行契税的涉税会计处理。

二、实训成果

1. 契税纳税申报表。
2. 契税的涉税会计分录。

三、任务描述

1. 根据东海新城房地产开发集团公司提供的 2015 年 2 月资料，计算该企业 2015 年 2 月应缴纳的契税税额。

2. 填写东海新城房地产开发集团公司契税的纳税申报表。

3. 编制东海新城房地产开发集团公司契税的相关会计分录。

四、实训条件

在税务实训室进行训练，提供东海新城房地产开发集团公司与契税相关情况，税收计算、申报表等资料。

五、实训材料

1. 企业基本情况。

企业名称：东海新城房地产开发集团公司

企业性质：股份有限企业

经营范围：房地产开发、物业管理、房地产租赁等业务

法定代表：王则业

财务负责人：陈直娇

办税人：张业东

财会人员：共 4 人

营业地址：东海市牛膏街 340 号

开户银行：工商银行黄龙分理处

账号：9550013674654 38765

税务登记号：330632565437865

2. 2015 年 2 月涉及契税的相关资料。

2015 年 2 月 18 日，经东海市人民政府批准，取得了开发区 08 号商业地块，并与东海市国土资源局签订了东海市开发区 08 号土地受让合同，计划开发商品住宅，土地面积 35 000 平方米，每平方米出让价格 3 000 元，2 月 21 日通过银行转账付清了土地价款，2 月 27 日支付了土地登记费，当地政府核定的契税税率为 4%。相关原始凭证见表 7-23～表 7-26。

表 7-23　　　**转账支票存根**

```
        中国工商银行 (东)
         转账支票存根
        Ⅻ  00206455
    科      目 _____
    对方科目 _____
    出票日期 2015 年 02 月 21 日
  ┌─────────────────────────┐
  │ 收款人：东海市国土资源局    │
  │                         │
  │ 金  额：105 000 000.00   │
  │                         │
  │ 用  途：付土地出让金       │
  │                         │
  │ 备  注：                 │
  └─────────────────────────┘
    单位主管          会计
    复    核          记账
```

表 7-24　　　**东海市国有土地使用权出让金专用票据**

开票日期：2015 年 02 月 21 日　　　　　**收据联**　　　　　　　　　　　No20155678

		币种单位	十	亿	千	百	十	万	千	百	十	元	角	分	汇率
缴纳单位(人)		东海新城房地产开发集团公司													
缴纳内容		出让 东海市开发区 08 号商业地块													
缴纳金额 (05)	小写	元 人民币	¥	1	0	5	0	0	0	0	0	0	0	0	0
	大写	元 人民币	⊗壹亿零伍佰万元整												

收款单位：(章)　　　　　　　　　　　　　　　　　　　　经手人：李一红

表 7-25　　　**转账支票存根**

```
        中国工商银行 (东)
         转账支票存根
        Ⅻ  00206459
    科      目 _____
    对方科目 _____
    出票日期  2015 年 02 月 27 日
  ┌─────────────────────────┐
  │ 收款人：东海市国土资源局    │
  │                         │
  │ 金  额：38 000.00        │
  │                         │
  │ 用  途：付土地登记费       │
  │                         │
  │ 备  注：                 │
  └─────────────────────────┘
    单位主管          会计
    复    核          记账
```

表 7-26   **东海市政府非税收入统一票据**

No0020157654

开票日期：2015 年 02 月 21 日   收款单位名称：东海市国土资源局

缴纳人：东海新城房地产开发集团公司   收款单位编码：×××××××××

项目编码	项目名称	单位	数量	收入标准/元	金额/元
015	土地登记费	宗	1	38 000.00	38 000.00

人民币（大写）⊗叁万捌仟元整   （小写）￥38 000.00

制单：刘小红   收款单位：（章）

提示：契税的会计处理。

（1）取得土地使用权所支付的费用（包括地价款和土地登记费）和契税，一般企业记入"无形资产"；房地产开发企业记入"开发成本"。

（2）承受房屋权属所缴纳的契税，都应记入"固定资产"价值。

---

3. 契税应纳税额计算表（见表 7-27）和契税纳税申报表（见表 7-28）。

表 7-27   **契税应纳税额计算表**

项 目	计税依据	适用税率	应纳税额	备 注
一、受让土地使用权				
二、受让房屋所有权				
合 计				

表 7-28

契税纳税申报表

填表日期： 年 月 日　　　　　　　　　　　　　　　　　　　金额单位：元至角分；面积单位：平方米

纳税人识别号

承受方信息	名称	□单位　□个人	
	登记注册类型	所属行业	
	身份证件类型 □身份证 □护照 □其他	身份证件号码	
	联系人	联系方式	
转让方信息	名称	□单位　□个人	
	纳税人识别号	登记注册类型	
	身份证件类型	身份证件号码	
土地房屋信息	土地房屋坐落地址		
	合同签订日期	用途	家庭唯一普通住房　□90平米以上　□90平米及以下
权属转移信息	权属转移方式	权属转移对象	
	权属转移面积	成交单价	
	成交价格		
税款征收信息	评估价格	税率	
	计税价格	应纳税额	
	计税税额	减免税额	
	减免税额	减免性质代码	
以下由纳税人填写：			
纳税人声明	此纳税申报表是根据《中华人民共和国契税暂行条例》和国家有关税收规定填报的，是真实的、可靠的、完整的。		
纳税人签章	代理人签章	代理人身份证号	
以下由税务机关填写：	受理日期　　年 月 日	受理税务机关签章	
受理人	受理日期　　年 月 日	受理税务机关签章	

本表一式两份，一份纳税人留存，一份税务机关留存。

实训 7.6 土地增值税会计核算与申报

一、能力目标

1. 能正确计算土地增值税应纳税额。
2. 会办理土地增值税的纳税申报。
3. 能进行土地增值税的涉税会计处理。

二、实训成果

1. 土地增值税纳税申报表。
2. 土地增值税的涉税会计分录。

三、任务描述

1. 根据东海新城房地产开发集团公司提供的资料,计算该企业蓝天花苑项目应缴纳的土地增值税税额。
2. 填写东海新城房地产开发集团公司土地增值税的纳税申报表。
3. 编制东海新城房地产开发集团公司土地增值税的相关会计分录。

四、实训条件

在税务实训室进行训练,提供东海新城房地产开发集团公司与土地增值税相关情况、税收计算、申报表等资料。

五、实训材料

1. 企业基本情况。
企业名称:东海市新城房地产开发集团公司
企业性质:股份有限企业
经营范围:房地产开发、物业管理、房地产租赁等业务
法定代表:王则业
财务负责人:陈直娇
办税人:张业东

财会人员：共 4 人

营业地址：东海市牛膏街 340 号

开户银行：工商银行黄龙分理处

账号：955001367465438765

税务登记号：330632565437865

2. 2015 年和 2016 年涉及土地增值税的相关资料。

(1) 2015 年 2 月 18 日，经东海市人民政府批准，取得了开发区 08 号商业地块，开发蓝天花苑商品住宅，土地面积 35 000 平方米，每平方米出让价格 3 000 元，2 月 21 日通过银行转账付清了土地价款 10 500 万元，2 月 27 日支付了土地登记费 3.8 万元，当地政府核定的契税税率为 4%，并缴纳了契税。原始凭证见实训 7.5 的相关表格。

(2) 2015 年 3 月 5 日，按照市政府相关文件要求，支付市政公共基础设施配套费、代绿化工程款、审图费等费用和支付地质、勘察等费用。相关原始凭证见表 7-29~表 7-32。

表 7-29　　　　　　　　　　**东海市政府非税收入统一票据**

No.0020158743

开票日期：2015 年 03 月 05 日　收据联　收款单位名称：东海市城市建设局

缴纳人：东海市新城房地产开发集团公司　收款单位编码：×××××××××

项目编码	项目名称	单　位	数　量	收入标准/(元/m²)	金额/元
019	公共基础设施配套费	平方米	50 000	75.00	3 750 000.00
020	代绿化工程款	平方米	15 000	300.00	4 500 000.00
021	审图费	平方米	50 000	0.75	37 500.00

第二联　交款方记账凭证

人民币（大写）⊗捌佰贰拾捌万柒仟伍佰元整　　　（小写）￥8 287 500.00

制单：刘一红　　　　　　　　　　　　　　　　　　　收款单位：（章）

表 7-30　转账支票存根

中国工商银行（东）
转账支票存根
Ⅻ　00206461

科　　目 ＿＿＿＿＿＿＿

对方科目 ＿＿＿＿＿＿＿

出票日期 2015 年 03 月 05 日

收款人：东海市城市建设局
金　额：8 287 500.00
用　途：付公共基础设施费、代绿化工程款、审图费等
备　注：

单位主管　　　　　　会计

复　核　　　　　　　记账

表 7-31

东海市政府非税收入统一票据

No0020206523

开票日期：2015 年 03 月 05 日

收据联

收款单位名称：东海市城市规划局

缴纳人：东海市新城房地产开发集团公司

收款单位编码：×××××××××

项目编码	项目名称	单　位	数　量	收入标准/(元/m²)	金额/元
056	水文地质勘察费	平方米	25 000	5.00	125 000.00
057	规划设计费	平方米	50 000	1.50	75 000.00

人民币(大写) ⊗贰拾万元整

(小写)￥200 000.00

制单：刘一红

收款单位：(章)

表 7-32　　转账支票存根

中国工商银行 (东)
转账支票存根
Ⅻ　00206462

科　　目　＿＿＿＿＿＿＿

对方科目　＿＿＿＿＿＿＿

出票日期　2015 年 03 月 05 日

收款人：东海市城市规划局

金　额：200 000.00

用　途：付水文地质勘察费、
规划设计费等

备　注：

单位主管　　　　　会计
复　核　　　　　　记账

　　(3) 向东海市新城建设工程有限公司支付工程款,相关原始凭证见表 7-33 和表 7-34。

表 7-33 建筑业统一发票(自开)

发票代码：008765043211

开票日期：2015 年 12 月 20 日

发票号码：00564321

机打代码	008765043211	税控码		(略)	
机打号码	00564321				
机器号码	43764321-12				
付款方名称	东海市新城房地产开发集团公司	身份证号/组织机构代码证号/纳税人识别码	330632565437865	是否为总承包人	
收款方名称	东海市新城建设工程有限公司	身份证号/组织机构代码证号/纳税人识别码	330632565437654	是否为总承包人	
工程项目名称	工程项目编号	结算项目	金额/元	完税凭证编号代扣代缴税款	
蓝天花苑	006	住宅工程款等	65 000 000.00		
合计金额(大写)陆仟伍佰万元整			(小写)￥65 000 000.00		
备注		主管税务机关及代码	东海市地方税务局直属分局 1234500		

开票人：×××

开票单位：(盖章)

表 7-34 转账支票存根

中国工商银行 (东)
转账支票存根
Ⅻ 00506765

科　目	
对方科目	
出票日期	2015 年 12 月 20 日
收款人：东海市新城建设工程有限公司	
金　额：65 000 000.00	
用　途：付工程款等	
备　注：	
单位主管　　　　会计	
复　核　　　　记账	

(4) 2016 年 6 月份蓝天花苑商品住宅统一售给东海市电信股份有限公司,原始凭证见表 7-35 和表 7-36。

表 7-35

3300143130

东海增值税专用发票

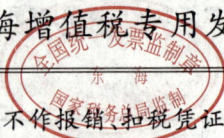

此联不作报销、扣税凭证使用

No22004501

开票日期：2016 年 06 月 20 日

税总函[2014]××号××××公司

购买方	名　　称：东海市电信股份有限公司 纳税人识别号：330632565654325 地址、电话：东海市人民路 129 号　0136-27708765 开户行及账号：工行中山分行 150200683322004433					密码区	（略）	

货物或应税劳务、服务名称	规格型号	单位	数量	单价	金　额	税率	税　额
蓝天花苑		平方米	50 000	6 500.00	325 000 000.00	5%	16 250 000.00

价税合计（大写）	⊗叁亿肆仟壹佰贰拾伍万元整　　（小写）￥341 250 000.00

销售方	名　　称：东海新城房地产开发集团公司 纳税人识别号：330632565437865 地址、电话：东海市牛膏街 340 号　0136-3133888 开户行及账号：工行黄龙分理处 955001367465438765	备注	蓝天花苑地址：东海市开发区 8 号 东海新城房地产开发集团公司 330632565437865 发票专用章

收款人：　　　　复核：　　　　开票人：许三宏　　　　销售方：（章）

第一联：记账联　销售方记账凭证

表 7-36

中国工商银行进账单（收账通知）

2016 年 06 月 20 日

第　　号

付款人	全　称	东海市电信股份有限公司	收款人	全　称	东海新城房地产开发集团公司
	账　号	150200683322004433		账　号	955001367465438765
	开户银行	工商银行中山分行		开户银行	工商银行黄龙分理处

人民币 （大写）	叁亿肆仟壹佰贰拾伍万元整	亿	千	百	十	万	千	百	十	元	角	分
		3	4	1	2	5	0	0	0	0	0	0

票据种类	银行汇票	工商银行 黄龙分理处 2016.06.20 转讫
票据张数	1 张	

单位主管：　　会计：　　复核：　　记账：　　　　收款人开户行：（盖章）

此联是持票人开户银行交给持票人的收账通知

(5) 2015 年 12 月份，根据市政府的相关文件，蓝天花苑住宅项目需上缴城建局质量监督费 28 万元，上缴城管局垃圾处置费 3 万元，上缴市人防办人防建设费 76 万元（原始凭证略）。

(6) 根据公司成本费用明细账记录，蓝天花苑住宅项目开发间接费用见表 7-37。

表 7-37 　　　　　　　　　　　　蓝天花苑住宅项目开发间接费用

2016 年 05 月 25 日

序号	费用项目	会计科目	金额/元	备　注
1	工资薪金	开发间接费用	300 000.00	
2	职工福利费	开发间接费用	42 000.00	
3	折旧费	开发间接费用	50 000.00	
4	修理费	开发间接费用	30 000.00	
5	办公费	开发间接费用	100 000.00	
6	水电费	开发间接费用	200 000.00	
7	劳动保护费	开发间接费用	30 000.00	
8	周转房摊销费	开发间接费用	350 000.00	
9				
10				
合　　计			1 102 000.00	

会计：×××　　　　　　　　复核：×××　　　　　　　　制表：×××

提示： 房地产开发费用的扣除办法。

① 纳税人能够按房地产项目计算分摊利息支出，并能提供金融机构的贷款证明的，其允许扣除的房地产开发费用为：利息＋（取得土地使用权所支付的费用＋房地产开发成本）×5% 以内。

② 纳税人不能够按房地产项目计算分摊利息支出或不能提供金融机构的贷款证明的，其允许扣除的房地产开发费用为：（取得土地使用权所支付的费用＋房地产开发成本）×10% 以内。

---

(7) 本企业不能单独提供银行贷款利息资料。该地区人民政府规定房地产开发费用的计算扣除比例为 10%。

(8) 2016 年 7 月份缴纳了蓝天花苑住宅项目销售的增值税 1 625 万元，城市维护建设税 113.75 万元，教育费附加（含地方教育费附加）81.25 万元，印花税 9.75 万元（原始凭证略）。

提示： 与转让房地产有关税金的扣除办法。

① 可以扣除的与房地产转让有关的税金包括在转让房地产时缴纳的城市维护建设税、教育费附加等。"营改增"后，扣除项目涉及的增值税进项税额，允许在销项税额中计算抵扣的，不计入扣除项目，不允许在销项税额中计算抵扣的，可以计入扣除项目。

② 专门从事房地产开发的纳税人，因其房地产印花税在管理费用中列支，计算土地

增值额扣除土地转让税费时，不得再次扣除。

③ 其他纳税人从事房地产转让，因转让房地产而缴纳的印花税，在计算土地增值税时，可以列入房地产转让费中进行扣除。

3. 土地增值税应纳税额计算表（见表 7-38）和土地增值税纳税申报表（见表 7-39）。

表 7-38　　　　　　　　　　　土地增值税应纳税额计算表

序号	项　目	金　额	备　注
1	一、转让房地产收入总额		
2	1. 货币收入		
3	2. 实物收入		
4	3. 其他收入		
5	二、扣除项目金额合计		
6	1. 取得土地使用权所支付的金额		
7	地价款或土地出让金		
8	土地交易费用		
9			
10	2. 房地产开发成本		
11	土地征用及拆迁补偿费		
12	前期工程费		
13	建设安装工程费		
14	基础设施费		
15	公共配套设施费		
16	开发间接费用		
17			
18	3. 房地产开发费用		
19	管理费用		
20	营业费用		
21	财务费用		
22			
23	4. 转让房地产税金		
24	城市维护建设税		
25	教育费附加		
26			
27			
28	5. 其他扣除项目		
29			
30	三、土地增值额		
31	四、土地增值率		
32	五、适用税率		
33	六、速算扣除率		
34	七、应缴土地增值税税额		

表 7-39

土地增值税纳税申报表

(从事房地产开发的纳税人清算适用)

税款所属时间: 年 月 日至 年 月 日　　　　　填表日期: 年 月 日

金额单位: 元至角分; 面积单位; 平方米

纳税人识别号 ☐☐☐☐☐☐☐☐☐☐☐☐☐☐☐☐

纳税人名称		项目名称		项目编号		项目地址	
所属行业		登记注册类型		纳税人地址		邮政编码	
开户银行		银行账号		主管部门		电话	

总可售面积				自用和出租面积			
已售面积		其中:普通住宅已售面积		其中:非普通住宅已售面积		其中:其他类型房地产已售面积	

项　　目	行次	金额			
		普通住宅	非普通住宅	其他类型房地产	合计
一、转让房地产收入总额　1=2+3+4	1				
其中　货币收入	2				
实物收入	3				
其他收入	4				
二、扣除项目金额合计 5=6+7+14+17+21	5				
1. 取得土地使用权所支付的金额	6				
2. 房地产开发成本 7=8+9+10+11+12+13	7				
其中　土地征用及拆迁补偿费	8				
前期工程费	9				
建筑安装工程费	10				
基础设施费	11				
公共配套设施费	12				
开发间接费用	13				
3. 房地产开发费用　14=15+16	14				
其中　利息支出	15				
其他房地产开发费用	16				
4. 与转让房地产有关的税金等 17=18+19+20	17				
其中	18				
城市维护建设税	19				
教育费附加	20				
5. 财政部规定的其他扣除项目	21				
三、增值额　22=1-5	22				
四、增值额与扣除项目金额之比(%) 23=22÷5	23				
五、适用税率(%)	24				
六、速算扣除系数(%)	25				

137

项　　目	行次	金　额			
		普通住宅	非普通住宅	其他类型房地产	合计
七、应缴土地增值税税额 26＝22×24－5×25	26				
八、减免税额　27＝29＋31＋33	27				
其中　减免税(1)　减免性质代码	28				
减免税额	29				
减免税(2)　减免性质代码	30				
减免税额	31				
减免税(3)　减免性质代码	32				
减免税额	33				
九、已缴土地增值税税额	34				
十、应补(退)土地增值税税额 35＝26－27－34	35				

授权代理人	(如果你已委托代理申报人,请填写下列资料) 为代理一切税务事宜,现授权 ＿＿＿＿＿ (地址)＿＿＿＿＿为本纳税人的代理申报人, 任何与本报表有关的来往文件都可寄与此人。 授权人签字:＿＿＿＿＿	纳税人声明	此纳税申报表是根据《中华人民共和国土地增值税暂行条例》及其《实施细则》的规定填报的,是真实的、可靠的、完整的。 声明人签字:＿＿＿＿＿
纳税人公章		法人代表签单	经办人员(代理申报人)签章		备注	

(以下部分由主管税务机关负责填写)

主管税务机关收到日期		接收人		审核日期		税务审核人员签单	
审核记录						主管税务机关盖章	

实训7.7　城镇土地使用税计算申报与核算

一、能力目标

1. 能根据土地的不同用途正确计算城镇土地使用税金额。
2. 会办理城镇土地使用税的纳税申报。
3. 能进行城镇土地使用税的涉税会计处理。

二、实训成果

1. 城镇土地使用税纳税申报表。
2. 城镇土地使用税的涉税会计分录。

三、任务描述

1. 根据东海电器有限公司提供的 2015 年资料,计算该企业 2015 年应缴纳的城镇土地使用税税额。
2. 填写东海电器有限公司城镇土地使用税的纳税申报表。
3. 编制东海电器有限公司城镇土地使用税的相关会计分录。

四、实训条件

在税务实训室进行训练,提供东海电器有限公司与城镇土地使用税相关情况,税收计算、申报表等资料。

五、实训材料

1. 企业基本情况。
企业名称:东海电器有限公司
企业性质:国有企业
法定代表:俞东业
财务负责人:陈冬衣
办税人:张业东
财会人员:共 4 人
营业地址:东海市牛膏街 328 号
开户银行:工商银行黄龙分理处
账号:955001367415171279
税务登记号:330632584744358

2. 2015 年涉及城镇土地使用税的相关资料。

(1) 政府部门核发的土地使用证书(简称 1 号地,见图 7-4)。

(2) 3 月 30 日,东海电器有限公司将一块 2 000 平方米的土地对外出租给另一个企业生产经营使用。

(3) 4 月 30 日,将一块 900 平方米的土地无偿借给某国家机关作公务使用。

(4) 与某外商投资企业共同拥有一块面积为 3 000 平方米的土地(简称 2 号地),其中东海电器有限公司实际使用 2 000 平方米,其余归外商投资企业使用。

国有土地使用证

东海 国有（2007）第1182345 号

土地使用权人	东海电器有限公司			
坐 落	东海市牛膏街 328 号			
地 号	070128743	图 号		
地类（用途）	商服用地			
使用权类型	出让	取得价格		
		终止日期	2057年11月14日	
使用权面积	50 000 m²	其中	独用面积	50 000 m²
			分摊面积	

根据《中华人民共和国宪法》、《中华人民共和国土地管理法》和《中华人民共和国城市房地产管理法》等法律法规，为保护土地使用权人的合法权益，对土地使用权人申请登记的本证所列土地权利，经审查核实、准予登记、颁发此证。

东海市 人民政府

记 事

其中：
企业内学校和医院占地 1 000 m²；
厂区内公用绿化用地 5 000 m²；
厂区内生活小区的绿化用地 600 m²。

证书监制机关：（章） 中华人民共和国国土资源部

No 00267031745 土地证管理专用章

登记机关：（章） 市国土资源局

2007 年 11 月 15 日

东海市人民政府 土地证专用章

图 7-4 国有土地使用证

（5）5月16日，新征用厂区附近的两块土地共计2 500平方米，其中一块征用的是耕地（简称3号地），面积为1 000平方米；另一块征用的是非耕地（简称4号地），面积为1 500平方米。

（6）该地区土地等级为Ⅰ级，每平方米土地年税额5元。

3. 城镇土地使用税应纳税额计算表（见表7-40）和城镇土地使用税纳税申报表（见表7-41）。

提示：城镇土地使用税纳税义务发生时间。

（1）纳税人购置新建商品房，自房屋交付使用之次月起纳税。

（2）纳税人购置存量房，自办理房屋权属转移、变更登记手续，房地产权属登记机关签发房屋权属证书之次月起纳税。

（3）纳税人出租、出借房产，自交付出租、出借房产之次月起纳税。

（4）以出让或转让方式有偿取得土地使用权的，应由受让方从合同约定交付土地时间的次月起纳税；合同未约定交付时间的，由受让方从合同签订的次月起纳税。

（5）纳税人新征用的耕地，自批准征用之日起满1年时开始纳税。

（6）纳税人新征用的非耕地，自批准征用次月起纳税。

表 7-40 　　　　　　　　　　　城镇土地使用税应纳税额计算表

金额单位：元（列至角分）

地号	本期实际占地面积	法定免税面积	应税面积	土地等级		适用税额		全年应纳税额	已纳税额	应补（退）税额
				Ⅰ	Ⅱ	Ⅰ	Ⅱ			
合　计										

表 7-41

城镇土地使用税纳税申报表

税款所属期：自　年　月　日 至　年　月　日　　填表日期：　年　月　日

纳税人识别号 ☐☐☐☐☐☐☐☐☐☐☐☐☐☐☐☐

金额单位：元至角分；面积单位：平方米

纳税人信息	名称					纳税人分类	单位□　个人□
	登记注册类型					所属行业	
	身份证件类型	身份证□　护照□　其他□				身份证件号码	
	联系人					联系方式	

申报纳税信息	土地编号	宗地的地号	土地等级	税额标准	土地总面积	所属期起	所属期止	本期应纳税额	本期减免税额	本期已缴税额	本期应补(退)税额
	*	*	*	*							
	*	*	*	*							
	*	*	*	*							
	*	*	*	*							
	*	*	*	*							
	合计							*	*	*	*

以下由纳税人填写：

纳税人声明	此纳税申报表是根据《中华人民共和国城镇土地使用税暂行条例》和国家有关税收规定填报的，是真实的、可靠的、完整的。	
纳税人签章	代理人签章	代理人身份证号

以下由税务机关填写：

受理人	受理日期　年　月　日	受理税务机关签章

本表一式两份，一份纳税人留存，一份税务机关留存。

实训 7.8 资源税会计核算与申报

一、能力目标

1. 能正确计算资源税应纳税额。
2. 会办理资源税的纳税申报。
3. 能进行资源税的涉税会计处理。

二、实训成果

1. 资源税纳税申报表。
2. 资源税的涉税会计分录。

三、任务描述

1. 根据东海新风盐业有限公司提供的 2016 年 7 月资料,计算该企业 2016 年 7 月应缴纳的资源税税额。
2. 填写东海新风盐业有限公司资源税的纳税申报表。
3. 编制东海新风盐业有限公司资源税的相关会计分录。

四、实训条件

在税务实训室进行练习,提供东海新风盐业有限公司与资源税相关情况,税收计算、申报表等资料。

五、实训材料

1. 企业基本情况。

企业名称:东海新风盐业有限公司

企业性质:有限责任公司

法定代表:蔡东风

财务负责人:王青

办税人:廖一东

财会人员:共 4 人

营业地址：东海市惠风路 328 号

开户银行：工商银行惠风分理处

账号：955001367467543254

税务登记号：330632509876545

2．2016 年涉及资源税的相关资料。

东海新风盐业有限公司 7 月生产液体湖盐 1 000 吨，其中对外销售 500 吨，每吨售价（不含增值税）200 元；当月生产固体海盐 2 000 吨（本月已全部对外销售），每吨售价（不含增值税）300 元。已知东海地区液体湖盐资源税税率为 2.5％，固体海盐资源税税率为 3％（原始凭证略）。

3．资源税应纳税额计算表（见表 7-42）和资源税纳税申报表（见表 7-43）。

表 7-42   资源税应纳税额计算表

产品名称	课税单位	课税数量/金额	单位税额/税率	应纳税额
一、应纳税项目				
1.				
2.				
3.				
4.				
5.				
合　计				
二、减免税项目				
1.				
2.				
3.				
合　计				
本期应纳税额合计				

表7-43

根据国家税收法律、法规及资源税有关规定制定本表。纳税人不论有无销售额,均应按照税务机关核定的纳税期限填写本表,并向当地税务机关申报。

资源税纳税申报表

税款所属期:自 年 月 日至 年 月 日   填表日期: 年 月 日   金额单位:元至角分

纳税人识别号 [ ]

纳税人名称		登记注册类型		注册地址		生产经营地址	
开户银行及账号		法定代表人姓名	（公章）	电话号码			

税目	子目	折算率或换算比	计量单位	计税销售量	计税销售额	适用税率	本期应纳税额	本期减免税额	本期已缴税额	本期应补(退)税额
1	2	3	4	5	6	7	8①=6×7; 8②=5×7	9	10	11=8－9－10
合 计		—	—			—				

授权声明

如果你已委托代理人申报,请填写下列资料:

为代理一切税务事宜,现授权 _____(地址)为本纳税人的代理申报人,任何与本申报表有关的往来文件,都可寄予此人。

授权人签字:

申报人声明

本纳税申报表是根据国家税收法律、法规及相关规定填写的,我确定它是真实的、可靠的、完整的。

声明人签字:

主管税务机关: 接收人: 接收日期: 年 月 日

本表一式两份,一份纳税人留存,一份税务机关留存。

企业纳税综合实训

一、能力目标

1. 能根据企业发生的经济业务进行相关的增值税、消费税、企业所得税及各地方税应纳税额的计算。
2. 能根据企业发生的经济业务进行涉税业务的会计处理和凭证编制。
3. 能进行"应交税费"各明细账户的设置和登记。
4. 会填报相关税种纳税申报表。

二、实训成果

1. 当期应缴纳的增值税、消费税、企业所得税及相关地方税的税额。
2. 涉税业务的记账凭证。
3. "应交税费"明细账。
4. 增值税、消费税、企业所得税月度预缴及相关地方税的纳税申报表。

三、任务描述

1. 根据提供的经济业务填制记账凭证。
2. 计算并结转本月各税种的应纳税额。
3. 登记"应交税费"各明细账。
4. 填报各税种的纳税申报表。

四、实训条件

在税务实训室进行练习,提供东海酒业有限公司基本情况,经济业务的原始凭证、记账凭证、多栏式账页、各种纳税申报表及附表。

五、实训材料

东海酒业有限公司是东海市一家粮食白酒和复合酒制造企业,为增值税一般纳税人,适用税率17%,上期留抵的增值税税额为0,增值税出口退税税率为12%,执行《企业会计准则》。

1. 该公司的基本资料。

开户银行：中国工商银行东海市分行

账号：18010011220010077

纳税人识别号：330632584744127

主管国税机关：东海市国家税务局直属分局

主管地税机关：东海市地方税务局直属分局

经营地址：东海市东京路 1210 号

电话：0136-8803975

注册资本：2 000 万元人民币

法定代表人：陈东方

财务主管：王大平

会计：赵高

助理会计：张晓丽

出纳员：陈丽芳

办税员：李兴业

职工人数：1 250 人

存货按实际成本计价核算。

2. 该公司 2016 年 6 月共发生的涉税业务（部分）。

【业务 1】 6 月 2 日，从东海市粮食加工有限公司购入粮食，仓库已验收入库。原始凭证如表 8-1～表 8-6 所示。

表 8-1

东海增值税专用发票

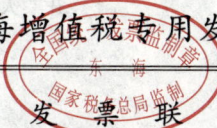

3300143130

发票联

No00540876

开票日期：2016 年 06 月 02 日

购买方	名　称：东海酒业有限公司 纳税人识别号：330632584744127 地址、电话：东海市东京路 1210 号　0136-8803975 开户行及账号：工商银行东海分行 18010011220010077				密码区	（略）		
货物或应税劳务、服务名称	规格型号	单位	数量	单价	金额	税率	税额	
粮食		吨	100	2 100.00	210 000.00	17%	35 700.00	
价税合计（大写）		⊗贰拾肆万伍仟柒佰元整　（小写）￥245 700.00						
销售方	名　称：东海市粮食加工有限公司 纳税人识别号：330601001116666 地址、电话：东海市大众街 183 号　0136-3133777 开户行及账号：工商银行东海分行 18010011022005555				备注			

收款人：　　　　　复核：　　　　　开票人：卢欣　　　　　销售方：（章）

表 8-2

3300143130

东海增值税专用发票

No 00540876

抵扣联

开票日期：2016 年 06 月 02 日

纳税全真实训（第三版）

税总函[2014]×××号 ××××公司

购买方	名　　称：东海酒业有限公司 纳税人识别号：330632584744127 地　址、电话：东海市东京路 1210 号　0136-8803975 开户行及账号：工商银行东海分行 180100112200100777	密码区	（略）

货物或应税劳务、服务名称	规格型号	单位	数量	单价	金额	税率	税额
粮食		吨	100	2 100.00	210 000.00	17%	35 700.00

价税合计（大写）	⊗贰拾肆万伍仟柒佰元整　　　（小写）￥245 700.00

销售方	名　　称：东海市粮食加工有限公司 纳税人识别号：330601001116666 地　址、电话：东海市大众街 183 号　0136-3133777 开户行及账号：工商银行东海分行 180100110220005555	备注	东海市粮食加工有限公司 330601001116666 发票专用章

收款人：　　　　　复核：　　　　　开票人：卢欣　　　　　销售方：（章）

第二联：抵扣联　购买方扣税凭证

表 8-3　　　转账支票存根

中国工商银行 （东）
转账支票存根
Ⅻ　00105455

科　目 _____
对方科目 _____
出票日期　2016 年 06 月 02 日

收款人：东海市粮食加工有限公司
金　额：245 700.00
用　途：付购入粮食款
备　注：

单位主管　　　　　会计
复　　核　　　　　记账

表 8-4
3300143230

东海增值税专用发票

发票联

No 22003456

开票日期：2016 年 06 月 02 日

购买方	名　　　称：东海酒业有限公司 纳税人识别号：330632584744127 地址、电话：东海市东京路 1210 号　0136-8803975 开户行及账号：工行东海分行 180100112200100777	密码区	（略）

货物或应税劳务、服务名称	规格型号	单位	数量	单价	金　额	税率	税　额
运费					1 300.00	11%	143.00

现金付讫

价税合计（大写）	⊗壹仟肆佰肆拾叁元整	（小写）￥1 443.00

销售方	名　　　称：东海市搬运公司 纳税人识别号：330605001372564 地址、电话：东海市中东路 166 号　0136-52560999 开户行及账号：工行东海分行　020100100560765434	备注	起运地：东海 到达地：东海 车种车号：货车浙 A21768 运输货物：粮食 100 吨

收款人：　　　　　复核：　　　　　开票人：王明光　　　　销售方：（章）

表 8-5
3300143230

东海增值税专用发票

抵扣联

No 22003456

开票日期：2016 年 06 月 02 日

购买方	名　　　称：东海酒业有限公司 纳税人识别号：330632584744127 地址、电话：东海市东京路 1210 号　0136-8803975 开户行及账号：工行东海分行 180100112200100777	密码区	（略）

货物或应税劳务、服务名称	规格型号	单位	数量	单价	金　额	税率	税　额
运费					1 300.00	11%	143.00

现金付讫

价税合计（大写）	⊗壹仟肆佰肆拾叁元整	（小写）￥1 443.00

销售方	名　　　称：东海市搬运公司 纳税人识别号：330605001372564 地址、电话：东海市中东路 166 号　0136-52560999 开户行及账号：工行东海分行　020100100560765434	备注	起运地：东海 到达地：东海 车种车号：货车浙 A21768 运输货物：粮食 100 吨

收款人：　　　　　复核：　　　　　开票人：王明光　　　　销售方：（章）

表 8-6

收　料　单

材料科目：原材料　　　　　　　　　　　　　　　　　　　　　　编号：001

材料类别：粮食　　　　　　　　　　　　　　　　　　　　　　收料仓库：3 号仓库

供应单位：东海市粮食加工有限公司　　　2016 年 06 月 02 日　　　发票号码：05000876

材料编号	材料名称	规格	计量单位	数量		实际价格				计划价格	
				应收	实收	单价	发票金额	运费	合计	单价	金额
001	粮食		吨	100	100	2 100	210 000.00	1 300.00	211 300.00		
备注											

采购员：　　　　　检验员：赵安康　　　　　记账员：　　　　　保管员：叶志明

【业务 2】　6 月 3 日,向东海市泰山村种粮大户收购谷子。原始凭证如表 8-7 和表 8-8 所示。

表 8-7

东海市收购统一发票

销售单位（人）：陈泽华

销售地址：东海市泰山村

00012650421

№10879865

2016 年 06 月 03 日填发

品名规格	单位	数量		单价	金额								备注
		计划	实收		万	千	百	十	元	角	分		
谷子	吨	50	50	950	4	7	5	0	0	0	0		
合　计					4	7	5	0	0	0	0		
货款合计人民币（大写）	肆 万 柒 仟 伍 佰 零 拾 零 元 零 角 零 分												
收款人身份证号码	陈泽华 440125195702230013												
合计人民币（大写）	肆 万 柒 仟 伍 佰 零 拾 零 元 零 角 零 分												

填票人：赵泽康　　　　　收款人：陈芳安　　　　　业务单位：（盖章）

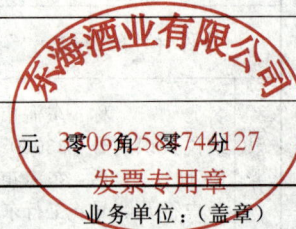

东国税印（乐）0662×2008×50000 本　东海中瑞印业有限公司承印

第一联：记账联

表 8-8   收　料　单

材料科目：材料   编号：002
材料类别：原料及主要材料   收料仓库：1号仓库
供应单位：陈泽华   2016 年 06 月 03 日   发票号码：10879865

材料编号	材料名称	规格	计量单位	数量 应收	数量 实收	实际价格 单价	实际价格 金额	计划价格 单价	计划价格 金额
002	谷子		吨	50	50	826.5	41 325		
备注			向种粮大户购入谷子						

采购员：　　　　检验员：赵安康　　　　记账员：　　　　保管员：叶志明

【业务3】 6月6日从美国进口一批原酒，货款5月已付。原始凭证如表8-9~表8-12所示。

表 8-9   **海关进口（关税）专用缴款书（收据联）**

收入系统：税务系统　　　　填发日期：2016 年 06 月 06 日　　　　No××××

收款单位	收入机关	中央金库			缴款单位（人）	名　称	东海酒业有限公司
	科目	进口关税	预算级次	中央		账　号	18010011220010 0777
	收缴国库	中国人民银行东海分行				开户银行	工商银行东海分行

税号	货物名称	数量	单位	完税价格/¥	税率/%	税款金额/¥
××	原酒	10	吨	558 000.00	15	83 700.00

金额人民币（大写）	捌万叁仟柒佰元整	合计金额	¥83 700.00

工商银行 合计金额 2016.06.06 转讫

申请单位编号	4100147888	报关单编号	054861899	填制单位	收缴国库（银行）
（合同批文）号	080082399	运输工具号	BUEEKCY110/465		
缴款日期	2016年6月6日	提/装货单号	KHCLB238654		
备注	一般征税：照章征税　　国际代码：××××××			制单人：复核人：	

第一联：（收据）国库收款签章后交缴款单位或缴款人

151

表 8-10　　　　　　　　海关进口（增值税）专用缴款书（收据联）

收入系统：税务系统　　　　填发日期：2016 年 06 月 06 日　　　　No××××

收款单位	收入机关	中央金库			缴款单位（人）	名　称	东海酒业有限公司
	科　目	进口关税	预算级次	中央		账　号	180100112200100777
	收缴国库	中国人民银行东海分行				开户银行	工商银行东海分行

税号	货物名称	数量	单位	计税价格/￥	税率/%	税款金额/￥
××	原酒	10	吨	713 000.00	17	121 210.00

金额人民币（大写）	壹拾贰万壹仟贰佰壹拾元整	合计（￥）	￥121 210.00

申请单位编号	4100147888	报关单编号	054861899	填制单位	收缴国库（银行）
（合同批文）号	080082399	运输工具号	BUEEKCY110/465		
缴款日期	2016 年 06 月 6 日	提/装货单号	KHCLB238654		

备注：一般征税：照章征税
国际代码：××××××

制单人：
复核人：

（印章：工商银行 2016.06.06 转讫）

表 8-11　　　　　　　　海关进口（消费税）专用缴款书（收据联）

收入系统：税务系统　　　　填发日期：2016 年 06 月 06 日　　　　No××××

收款单位	收入机关	中央金库			缴款单位（人）	名　称	东海酒业有限公司
	科　目	进口关税	预算级次	中央		账　号	180100112200100777
	收缴国库	中国人民银行东海分行				开户银行	工商银行东海分行

税号	货物名称	数量	单位	计税价格/￥	税率/%	税款金额/￥
××	原酒	10	吨	713 000.00	10	71 300.00

金额人民币（大写）	柒万壹仟叁佰元整	合计（￥）	￥71 300.00

申请单位编号	4100147888	报关单编号	054861899	填制单位	收缴国库（银行）
（合同批文）号	080082399	运输工具号	BUEEKCY110/465		
缴款日期	2016 年 6 月 6 日	提/装货单号	KHCLB238654		

备注：一般征税：照章征税
国际代码：××××××

制单人：
复核人：

（印章：工商银行 2016.06.06 转讫）

表 8-12

收 料 单

材料科目：材料　　　　　　　　　　　　　　　　　　　　编号：003
材料类别：原料及主要材料　　　　　　　　　　　　　　收料仓库：1 号仓库
供应单位：美国华伦公司　　　　2016 年 06 月 06 日　　发票号码：×××××

材料编号	材料名称	规格	计量单位	数量		实际价格		计划价格	
				应收	实收	单价	金额	单价	金额
003	原酒		吨	10	10	71 300	713 000		
备注		向美国华伦公司购入原酒							

采购员：　　　　检验员：赵安康　　　　记账员：　　　　保管员：叶志明

【业务 4】　6 月 7 日，向东海粮食机械有限公司购入蒸锅一台。原始凭证如表 8-13～表 8-16 所示。

表 8-13

东海增值税专用发票

3300143130　　　　　　　　　　　　　　　　　　　　　No00540002

发票联　　　　　　　　　　　　开票日期：2016 年 06 月 07 日

购买方	名　称：东海酒业有限公司 纳税人识别号：330632584744127 地址、电话：东海市东京路 1210 号　0136-8803975 开户行及账号：工商银行东海分行 180100112200100777	密码区	（略）

货物或应税劳务、服务名称	规格型号	单位	数量	单价	金额	税率	税额
蒸锅		台	1	50 000.00	50 000.00	17%	8 500.00

价税合计（大写）　⊗伍万捌仟伍佰元整　　　　（小写）￥58 500.00

销售方	名　称：东海市粮食机械有限公司 纳税人识别号：330601001118888 地址、电话：东海市大众街 345 号　0136-3133888 开户行及账号：工商银行东海分行 180100110220005666	备注	东海市粮食机械有限公司 330601001118888 发票专用章

收款人：　　　　复核：　　　　开票人：卢欣　　　　销售方：（章）

第三联：发票联　购买方记账凭证

税总函[2014]××号 ××××公司

表 8-14
3300143130

东海增值税专用发票

抵 扣 联

No00540002

开票日期：2016 年 06 月 07 日

购买方	名　　称：东海酒业有限公司 纳税人识别号：330632584744127 地址、电话：东海市东京路 1210 号　0136-8803975 开户行及账号：工商银行东海分行 180100112200100777				密码区	（略）		
货物或应税劳务、服务名称	规格型号	单位	数量	单价	金额	税率	税额
蒸锅		台	1	50 000.00	50 000.00	17%	8 500.00
价税合计（大写）		⊗伍万捌仟伍佰元整				（小写）￥58 500.00	
销售方	名　　称：东海市粮食机械有限公司 纳税人识别号：330601001118888 地址、电话：东海市大众街 345 号　0136-3133888 开户行及账号：工商银行东海分行 180100110220005666				备注	东海市粮食机械有限公司 330601001118888 发票专用章		

收款人：　　　　复核：　　　　开票人：卢欣　　　　销售方：（章）

表 8-15　　　　　固定资产入库单

收货单位：东海酒业有限公司　　　2016 年 06 月 07 日　　　编号：0601

类别	编号	资产名称	数量	原值	月摊销额	使用年限	累计已摊销额	净值	所在地	入账原因
机器	0601	蒸锅	1	50 000	833.33	5 年	0	50 000	一车间	购入

财务负责人：王大平　　　　　　　　　经办人：李志东

表 8-16　　　　转账支票存根

中国工商银行　（东）
转账支票存根
Ⅻ　00105455

科　　目 ＿＿＿＿＿＿＿＿
对方科目 ＿＿＿＿＿＿＿＿
出票日期　2016 年 06 月 07 日

收款人：东海市粮食机械有限公司
金　额：58 500.00
用　途：付购入蒸锅款
备　注：

单位主管　　　　　会计
复　核　　　　　　记账

【业务5】 6月8日,向东海市东方商场销售粮食白酒一批。原始凭证如表 8-17 和表 8-18 所示。

表 8-17

3300143130

东海增值税专用发票

此联不作报销、扣税凭证使用

No00540002

开票日期：2016 年 06 月 08 日

购买方	名　　　称：东海市东方商场 纳税人识别号：330632584776548 地址、电话：东海市南京路 120 号　0136-8865487 开户行及账号：工商银行东海分行 18010011220010 6666				密码区	（略）		
货物或应税劳务、服务名称	规格型号	单位	数量	单　价	金　额	税率	税　额
粮食白酒	20×500g	箱	500	1 000.00	500 000.00	17%	85 000.00
价税合计（大写）		⊗伍拾捌万伍仟元整				（小写）￥585 000.00		
销售方	名　　　称：东海酒业有限公司 纳税人识别号：330632584744127 地址、电话：东海市东京路 1210 号　0136-8803975 开户行及账号：工商银行东海分行 18010011220010 0777				备注			

收款人：　　　　　复核：　　　　　开票人：卢欣　　　　　销售方：（章）

表 8-18

中国工商银行进账单（收账通知）1

2016 年 06 月 08 日　　　　　第　号

付款人	全　称	东海市东方商场	收款人	全　称	东海酒业有限公司
	账　号	18010011220010 6666		账　号	18010011220010 0777
	开户银行	工商银行东海分行		开户银行	工商银行东海分行

人民币（大写）	伍拾捌万伍仟元整	千	百	十	万	千	百	十	元	角	分
			￥	5	8	5	0	0	0	0	0

票据种类	转账支票
票据张数	1 张

收款人开户行：（盖章）

单位主管：　　　会计：　　　复核：　　　记账：

【业务6】 6月8日,收回上月委托东海市白门酒厂加工的葡萄酒,支付加工费、增值税、消费税。受托方无同类葡萄酒对外销售业务,计算受托方代垫的消费税税额,并填制转账支票（对方收据略）。收回的葡萄酒直接出售。原始凭证如表 8-19～表 8-23 所示。

表 8-19

3300143130

东海增值税专用发票

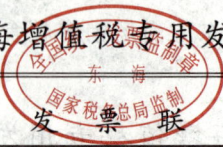

发 票 联

No00540014

开票日期：2016 年 06 月 08 日

税总函[2014]×××号 ××××公司

购买方	名　　　称：东海酒业有限公司 纳税人识别号：330632584744127 地 址 、电话：东海市东京路 1210 号　0136-8803975 开户行及账号：工商银行东海分行 180100112200100777				密码区	（略）		
货物或应税劳务、服务名称	规格型号	单位	数量	单 价	金 额	税率	税 额
加工费				10 000.00	10 000.00	17%	1 700.00
价税合计（大写）		⊗壹万壹仟柒佰元整			（小写）￥11 700.00		
销售方	名　　　称：东海市白门酒厂 纳税人识别号：330601001115550 地 址 、电话：东海市大众街 345 号　0136-3133555 开户行及账号：工商银行东海分行 180100110220005555				备注	东海市白门酒厂 330601001115550 发票专用章		

收款人：　　　　复核：　　　　开票人：卢欣　　　　销售方：（章）

第三联：发票联 购买方记账凭证

表 8-20

3300143130

东海增值税专用发票

抵 扣 联

No00540014

开票日期：2016 年 06 月 08 日

税总函[2014]×××号 ××××公司

购买方	名　　　称：东海酒业有限公司 纳税人识别号：330632584744127 地 址 、电话：东海市东京路 1210 号　0136-8803975 开户行及账号：工商银行东海分行 180100112200100777				密码区	（略）		
货物或应税劳务、服务名称	规格型号	单位	数量	单 价	金 额	税率	税 额
加工费				10 000.00	10 000.00	17%	1 700.00
价税合计（大写）		⊗壹万壹仟柒佰元整			（小写）￥11 700.00		
销售方	名　　　称：东海市白门酒厂 纳税人识别号：330601001115550 地 址 、电话：东海市大众街 345 号　0136-3133555 开户行及账号：工商银行东海分行 180100110220005555				备注	东海市白门酒厂 330601001115550 发票专用章		

收款人：　　　　复核：　　　　开票人：卢欣　　　　销售方：（章）

第二联：抵扣联 购买方扣税凭证

表 8-21

委托加工收料单

材料科目：原材料   编号：004

材料类别：原料及主要材料   收料仓库：1 号仓库

供应单位：东海市白门酒厂   2016 年 06 月 08 日   发票号码：××××

材料编号	材料名称	规格	计量单位	数量		实际成本				
				应收	实收	材料成本	加工费	运费	消费税	合计
004	葡萄酒		箱	200	200	50 000.00	10 000.00			
备注			原拨出材料成本 50 000 元，支付加工费 10 000 元							

采购员：张一中   检验员：赵安丽   记账员：   保管员：王 明

表 8-22

委托加工代垫消费税计算单

材料科目：原材料   编号：004

材料类别：原料及主要材料   收料仓库：1 号仓库

加工单位：东海市白门酒厂   2016 年 06 月 08 日   发票号码：××××

材料编号	材料名称	规格	计量单位	数量	计算过程				
					材料成本	加工费	计税金额	税率	税额
004	葡萄酒		箱	200				10%	
备注									

审核：   制单：李兴业

表 8-23   转账支票存根

中国工商银行 (东)
转账支票存根
XII   00105456

科　　目 ＿＿＿＿＿＿＿＿

对方科目 ＿＿＿＿＿＿＿＿

出票日期：2016 年 06 月 08 日

收款人：东海市白门酒厂

金　　额：

用　　途：加工费、增值税、代垫
　　　　　消费税

单位主管　　　　会计
复　　核　　　　记账

【业务7】 6 月 10 日，出售一部分委托加工收回的葡萄酒。原始凭证如表 8-24 和表 8-25 所示。

表 8-24
3300143130

东海增值税专用发票

此联不作报销、扣税凭证使用　开票日期：2016 年 06 月 10 日

No00540087

税总函[2014]××号　××××公司

购买方	名　　称：东海市东方商场 纳税人识别号：330632584776548 地　址、电话：东海市南京路 120 号　0136-8865487 开户行及账号：工商银行东海分行 18010011200106666					密码区	（略）	
货物或应税劳务、服务名称	规格型号	单位	数量	单　价	金　额	税率	税　额
葡萄酒		箱	100	450.00	45 000.00	17%	7 650.00
价税合计（大写）　⊗伍万贰仟陆佰伍拾元整					（小写）52 650.00		
销售方	名　　称：东海酒业有限公司 纳税人识别号：330632584744127 地　址、电话：东海市东京路 1210 号　0136-8803975 开户行及账号：工商银行东海分行 18010011200100777							

收款人：　　　　复核：　　　　开票人：卢欣　　　　销售方：（章）

第一联：记账联　销售方记账凭证

表 8-25

中国工商银行 进账单（收账通知） 1

2016 年 06 月 10 日　　　　　　第　号

付款人	全　称	东海市东方商场	收款人	全　称	东海酒业有限公司									
	账　号	18010011200106666		账　号	18010011200100777									
	开户银行	工商银行东海分行		开户银行	工商银行东海分行									
人民币 （大写）	伍拾贰万陆仟伍佰元整				千	百	十	万	千	百	十	元	角	分
				¥	5	2	6	5	0	0	0	0	
票据种类		转账支票												
票据张数		1 张	收款人开户行盖章											
单位主管：　会计：　复核：　记账：														

工商银行
东海分行
2016.06.10
转讫

此联是持票人开户银行交给持票人的收账通知

【业务8】 6月12日,发放职工福利。原始凭证如表8-26和表8-27所示。

表8-26

商品出库单

产品名称：粮食白酒 编号：005
产品类别： 仓库：成品仓库
购货单位：工会 2016 年 06 月 12 日 字第 372 号

品 名	规 格	计量单位	数量	单位成本	总成本	备 注
瓶装白酒	20×500g	箱	20	500	10 000	发放职工福利；对外销售单位价为每箱1 000 元
合 计			20		10 000	

部门负责人： 领料人：李爱飞 会计： 发货人：周 明

表8-27

东海酒业有限公司内部使用(销售)专用凭证
记 账 联

No 102053684

使用部门：工会 2016 年 06 月 12 日填发

名 称	规 格	单位	数量	单价	金 额 百	十	万	千	百	十	元	角	分	备 注
瓶装白酒	20×500g	箱	20	1 000	¥	2	0	0	0	0	0	0		成本为每箱500 元；对外销售价格为每箱1 000 元
合 计 人民币(大写)	⊗贰万零仟零佰零拾零元零角零分				¥	2	0	0	0	0	0	0		

董事长：(签章)	意见：	总经理：(签章) 王东才印	意见： 同 意	财务经理：(签章) 王天平印	意见： 同 意

部门主管：李爱飞 送货人：李凤飞 收货人：章 丽 制单人：张丽芳

【业务9】 6月12日,向东海博览会无偿赠送粮食白酒50箱。捐赠合同一份,商品出库单如表8-28所示。

表8-28

商品出库单

产品名称：粮食白酒 编号：005
产品类别： 仓库：成品仓库
购货单位：东海博览会主办中心 2016 年 06 月 12 日 字第 375 号

品 名	规 格	计量单位	数量	单位成本	总成本	备 注
瓶装白酒	20×500g	箱	50	500	25 000	捐赠给东海博览会主办中心；对外销售单位价为每箱1 000 元
合 计			50		25 000	

部门负责人： 领料人：李爱飞 会计： 发货人：周 明

159

项目 8 企业纳税综合实训

商品捐赠合同

甲方：东海酒业有限公司

乙方：东海博览会主办中心

经甲乙双方友好协商，就甲方向乙方无偿捐赠商品事宜达成以下协议。

1. 甲方于 2016 年 6 月 12 日向乙方无偿捐赠粮食白酒 50 箱，共计人民币伍万元整（￥50 000.00）。

2. 乙方支付运输费等相关其他费用。

3. 甲方捐赠给乙方的商品不得用于销售。

4. 甲方必须保证商品能达到可使用状态。

本合同一式两份，甲乙双方各持一份，如有异议，另行签订补充协议，补充协议与本合同具有同等法律效力。

甲方(盖章)：东海酒业有限公司　　　　　乙方：东海博览会主办中心

法定代表(签字)：陈东方　　　　　　　　法定代表：许泽高

日期：2016 年 6 月 12 日　　　　　　　日期：2016 年 6 月 12 日

【业务 10】　6 月 12 日，缴纳 5 月份增值税、消费税、所得税等。原始凭证如表 8-29～表 8-32 所示。

表 8-29

中华人民共和国
税收电子转账专用完税证

(04)东国电 №135874569

填发日期：2016 年 06 月 12 日

税务登记证代码	330632584744127		征收机关	国家税务局计统征收科
纳 税 人 全 称	东海酒业有限公司		收款银行	工商银行东海分行
税(费)种	级　次		税款所属时期	实 缴 金 额
增值税			20160501—20160531	23 500.00
金额合计	(大写)贰万叁仟伍佰元整			(小写)￥23 500.00
征税机关		收款银行： (盖章)	纳税人： (盖章)	备 注

表 8-30

中 华 人 民 共 和 国
税收电子转账专用完税证

(04)海国电 No 135874570

填发日期：2016 年 06 月 12 日

税务登记证代码	330632584744127		征收机关	国家税务局计统征收科
纳 税 人 全 称	东海酒业有限公司		收款银行	工商银行东海分行
税（费）种	级 次		税款所属时期	实缴金额
消费税			20160501—20160531	15 500.00
金额合计	（大写）壹万伍仟伍佰元整			（小写）￥15 500.00
征税机关	收款银行：（盖章）		经手人：（盖章）	备注

此联交纳税人作完税凭证

表 8-31

中 华 人 民 共 和 国
税收电子转账专用完税证

国

(04)海国电 No135874571

填发日期：2016 年 06 月 12 日

税务登记证代码	330632584744127		征收机关	国家税务局计统征收科
纳 税 人 全 称	东海酒业有限公司		收款银行	工商银行东海分行
税（费）种	级 次		税款所属时期	实缴金额
企业所得税			20160501—20160531	18 500.00
金额合计	（大写）壹万捌仟伍佰元整			（小写）￥18 500.00
征税机关	收款银行：（盖章）		经手人：（盖章）	备注

此联交纳税人作完税凭证

表 8-32

中华人民共和国
税收通用缴款书

企业类型：有限责任公司　　　　　　　　　　　　地缴字（甲）隶属关系№4455582

收入机关：　　　　　　填发日期：2016 年 06 月 12 日

无银行收讫章无效

缴款单位（人）	代　码	330632584744127	预算科目	编码	2410030
	全　称	东海酒业有限公司		名称	股份制企业城市维护建设税
	开户银行	工商银行东海分行		级次	县（市）级
	账　号	180100112200100777	收缴国库		

税款所属期间：2016 年 5 月 1 日至 2016 年 5 月 31 日　　　税款限缴日期：2016 年 6 月 15 日

品目名称	课税数量	计税金额或销售收入	税率或单位税额	已缴或扣除额	实缴税额
城市维护建设税教育费附加		39 000.00	7%		2 730.00
		39 000.00	3%		1 170.00

金额合计	人民币（大写）叁仟玖佰元整	（小写）¥3 900.00

缴款单位（人）：（盖章）　经办人：（章）	税务机关：（盖章）　填票人：（章）	上列款项已委收划转收款单位账户（国库银行）：（盖章）2016 年 06 月 12 日	备注

逾期不缴按税法规定加收滞纳金

【业务 11】　6 月 15 日，出口粮食白酒一批。原始凭证如表 8-33～表 8-37 所示。

表 8-33　　　　　　　　　　　银行贷记通知书

CREDIT ADVICE
中国工商银行贷记通知书

DATE(日期)：2016.06.15　　　OUR NO.（我方编号）：45128062345876875F

VCHSET(检票套号)：0370　　　THEIR NO.（汇款编号）：1409210467430

BENEFICIARY(收益人)：东海酒业有限公司

ATM(汇款金额)：USD100 000

NET AMT(入账金额)：615 000

FEE AMT(扣费金额)：@已从贵公司扣除

无兑换手续费

　　　　　邮电费

FROM(发报行)：AEIBUS33×××　AMERICAN EXQRESS BANK,LTD.

　　（汇出行）：AEIBU33

REMITTER(汇款人)：ASPERSORES DE CAL IOAO ** GOL

收支申报号码：33132109837645321784930　　　　　　　　银行：（签章）

工商银行 东海分行 2016.06.15 转讫

表 8-34 出口货物销售发票

浙江省出口货物销售统一发票
ZHEJIANG EXPORT SALES UNIFORM INVOICE

出口专用

记 账 联
COUNTERFOIL

发票代码 133100078765
发票号码 00058888
合同号码
Contract No. 16234004666
日期
Date 2016.06.15

装船口岸 From	东海	目的地 To	美国
信用证号数 Letter of Credit No.	1634587645128888	开户银行 Issued by	工商银行东海分行

唛号 Marks & Nos.	货名数量 Quantities and Descriptions	单价 Unit Price	总值 Amount
粮食白酒	1 000 箱	USD100 USD1＝RMB6.15	USD100 000

开票单位：（盖章）东海酒业有限公司　　　开票人：杨汤霞

表 8-35　　　　中华人民共和国海关出口货物报关单　　　　记 账 联

预录入编号：　　　　　　　　　　　　　　　　　海关编号：

收发货人 东海酒业有限公司	出口口岸 东海	出口日期 2016.06.15	申报日期 2016.06.15
生产销售单位 东海酒业有限公司	运输方式 江海运输	运输工具名称 BUEKCY110/653	提运单号 KHCLB236666
申报单位 东海联合国际物流有限公司	监管方式 一般贸易	征免性质 一般征税	备案号
贸易国（地区）	运抵国（地区） 美国	指运港 美国旧金山	境内货源地 东海
许可证号 3322155555	成交方式	运费	保费	杂费
合同协议号 16234004666	件数 10 000	包装种类 木箱	毛重(千克) 10 100	净重(千克) 8 500
集装箱号	随附单		生产厂家	
标记唛码及备注				

项号	商品编号	商品名称、规格型号	数量及单位	原产国(地区)	单价	总价	币制	征免
		甲产品	1 000 件	美国	USD100	100 000	美元	照章征税

特殊关系确认：	价格影响确认：	支付特许权使用费确认：	
录入员　　　录入单位	兹申明对以上内容承担如实申报、依法纳税之法律责任	海关批注及签章	
报关人员	申报单位（签章）		

表 8-36　　　　　　　　　　中华人民共和国海关出口货物报关单　　　　　收汇核销联

预录入编号：　　　　　　　　　　　　　　　　　　　海关编号：

收发货人 东海酒业有限公司	出口口岸 东海	出口日期 2016.06.15		申报日期 2016.06.15	
生产销售单位 东海酒业有限公司	运输方式 江海运输	运输工具名称 BUEKCY110/653		提运单号 KHCLB236666	
申报单位 东海联合国际物流有限公司	监管方式 一般贸易	征免性质 一般征税		备案号	
贸易国（地区）	运抵国（地区） 美国	指运港 美国旧金山		境内货源地 东海	
许可证号 3322155555	成交方式	运费	保费		杂费
合同协议号 16234004666	件数 10 000	包装种类 木箱	毛重（千克） 10 100		净重（千克） 8 500
集装箱号	随附单		生产厂家		
标记唛码及备注					

项号	商品编号	商品名称、规格型号	数量及单位	原产国（地区）	单价	总价	币制	征免
		甲产品	1 000 件	美国	USD100	100 000	美元	照章征税

特殊关系确认：	价格影响确认：	支付特许权使用费确认：	
录入员　　　录入单位	兹申明对以上内容承担如实申报、依法纳税之法律责任	海关批注及签章	
报关人员	申报单位（签章）		

表 8-37　　　　　　　　　　出口货物销售发票

浙江省出口货物销售统一发票
ZHEJIANG EXPORT SALES UNIFORM INVOICE

出口专用

退　税　联
COUNTERFOIL

发票代码 133100078765
发票号码 00058888
合同号码
Contract No. 16234004666
日期
Date　2016.06.15

装船口岸 From	东海	目的地 To	美国
信用证号数 Letter of Credit No.	1634587645128888	开户银行 Issued by	工商银行东海分行

唛号 Marks & Nos.	货名数量 Quantities and Descriptions	单价 Unit Price	总值 Amount
粮食白酒	1 000 箱	USD100 USD1＝RMB6.15	USD100 000

开票单位：(盖章)东海酒业有限公司　　　　　　开票人： 杨汤霞

【业务 12】　6 月 16 日，出售企业附属用房一幢。相关凭证如表 8-38～表 8-40 所示。

表 8-38
3300143130

东海增值税专用发票

No 00540087

此联不作报销扣税凭证使用　开票日期：2016 年 06 月 16 日

税总函[2014]××号 ××××公司

购买方	名　　　称：滨海快速邮递有限公司 纳税人识别号：330632584765432 地　址、电话：东海市南京路 220 号　0136-8865432 开户行及账号：工行东海市大洋支行 8522671260890658888	密码区	(略)

货物或应税劳务、服务名称	规格型号	单位	数量	单价	金额	税率	税额
商用房，证号：(滨) 2345876666		平方米	700	8 500.00	5 950.00	5%	297 500.00

价税合计(大写)	⊗陆佰贰拾肆万柒仟伍佰元整　　　　(小写)6 247 500.00

销售方	名　　　称：东海酒业有限公司 纳税人识别号：330632584744127 地　址、电话：东海市东京路 1210 号　0136-8803975 开户行及账号：工行东海分行 180100112200100777

收款人：　　　　　复核：　　　　　开票人：卢欣　　　销售方：(章)

第一联：记账联　销售方记账凭证

表 8-39

固定资产调拨单

2016 年 06 月 16 日

单位：元

资产名称	型号	所属部门	单位	数量	原　值	预计使用年限	已经使用年限	累计已提折旧	账面净值
附属用房		一车间	平方米	700	7 500 000	50	10	1 500 000	6 000 000

调拨原因	出售								
调入单位	滨海快速邮递有限公司		调出单位	东海酒业有限公司					
备注	以账面净值为成交价								

单位负责人：陈东方　　　　　　会计主管：王大平　　　　　　制单：赵　高

表 8-40

中国工商银行进账单（收账通知）4

2016 年 06 月 16 日　　　　　　第 012458745 号

付款人	全　称	滨海快速邮递有限公司	收款人	全　称	东海酒业有限公司									
	账　号	85226712608906588		账　号	180100112200100777									
	开户银行	工商银行东海市大洋支行		开户银行	工商银行东海分行									
金额	人民币（大写）陆佰贰拾肆万柒仟伍佰元整				千	百	十	万	千	百	十	元	角	分
					¥	6	2	4	7	5	0	0	0	0
票据种类	转账支票													
票据张数	1 张													

工商银行
东海分行
2016.06.16
转讫

单位主管：　　会计：　　出纳：　　记账：

收款人开户行：（盖章）

此联是收款人开户银行交收款人的收账通知

【业务 13】 6 月 22 日,购入粮食一批,只取得增值税普通发票。原始凭证如表 8-41～表 8-43 所示。

表 8-41

33000143320

东海增值税普通发票

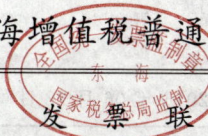

发 票 联

No.00870032

开票日期:2016 年 06 月 22 日

购买方	名　　　称:东海酒业有限公司 纳税人识别号:330632584744127 地址、电话:东海市东京路 1210 号　0136-8803975 开户行及账号:工商银行东海分行 18010011220100777						密码区		(略)	
货物或应税劳务、服务名称	规格型号	单位	数量	单价	金　额		税率	税　额	
粮 食		吨	10	2 000.00	20 000.00		13%	2 600.00	
价税合计(大写)	贰万贰仟陆佰元整				(小写)￥22 600.00				
销售方	名　　　称:东海市粮店 纳税人识别号:330601001113333 地址、电话:东海市大众街 230 号　0136-3133667 开户行及账号:工商银行东海分行 18010011022002222						备注			

收款人:　　　　　复核:　　　　　开票人:郑晓晓　　　　销售方:(章)

税总函〔2014〕×× 号 ×××× 公司

第二联:发票联　购买方记账凭证

表 8-42　　　转账支票存根

中国工商银行 (东)
转账支票存根
ⅩⅡ 001053333

科　　目　_____
对方科目　_____
出票日期　2016 年 06 月 22 日

收款人:东海市粮店
金　额:22 600.00
用　途:付粮食价税款
备　注:

单位主管　　　　会计
复　核　　　　记账

167

表 8-43

收 料 单

材料科目：原材料   编号：001

材料类别：粮食   收料仓库：3 号仓库

供应单位：东海市粮食店   2016 年 06 月 22 日   发票号码：00870032

材料编号	材料名称	规格	计量单位	数量		实际价格			计划价格		
				应收	实收	单价	发票金额	运费	合 计	单价	金额
001	粮食		吨	10	10	2 260	22 600.00		22 600.00		
备注											

采购员：   检验员：赵安康   记账员：   保管员：叶志明

【业务 14】 出售粮食白酒一批，收取包装物押金。原始凭证如表 8-44～表 8-46 所示。

表 8-44

收 据

2016 年 06 月 25 日   No 4000276

今收到：东海市红利商场粮食白酒包装物押金 2 500 元。

（100×25 元/个）   现金收讫

金额（大写）：零佰零拾零万贰仟伍佰零拾零元零角零分

附注：   ¥ 2 500.00

东海酒业有限公司财务专用章

发据单位：（签章）   会计：赵高   出纳：陈丽芳   经手人：刘竣伟

表 8-45

3300143130

东海增值税专用发票

此联不作报销抵扣税凭证使用

№00540187

开票日期：2016 年 06 月 25 日

税总函[2014]×××号 ××××公司

购买方	名　　　称：东海市红利商场 纳税人识别号：330632584777777 地　址 、电话：东海市南京路 20 号　0136-8865765 开户行及账号：工商银行东海分行 1801001122001077777				密码区		（略）	
货物或应税劳务、服务名称	规格型号	单位	数量	单 价	金 额	税率	税 额
瓶装白酒	20×500g	箱	100	1 000.00	100 000.00	17％	17 000.00
价税合计（大写）	⊗壹拾壹万柒仟元整				（小写）￥117 000.00		
销售方	名　　　称：东海酒业有限公司 纳税人识别号：330632584744127 地　址 、电话：东海市东京路 1210 号　0136-8803975 开户行及账号：工商银行东海分行 1801001122001007777				备注		

收款人：　　　　　复核：　　　　　开票人：卢欣　　　　　销售方：（章）

表 8-46

中国工商银行进账单（收账通知）　1

2016 年 06 月 25 日　　　　　第　号

付款人	全　称	东海市红利商场	收款人	全　称	东海酒业有限公司									
	账　号	1801001122001077777		账　号	1801001122001007777									
	开户银行	工商银行东海分行		开户银行	工商银行东海分行									
人民币（大写）	壹拾壹万柒仟元整					千	百	十	万	千	百	十	元	角	分
							￥	1	1	7	0	0	0	0	0
票据种类		转账支票											
票据张数		1 张											

单位主管：　　会计：　　复核：　　记账：　　　　收款人开户行：（盖章）

工商银行
东海分行
2016.06.25

转讫

【业务 15】 支付本月水费和电费。原始凭证如表 8-47～表 8-52 所示。

表 8-47

3300143130

东海增值税专用发票

发 票 联

No 28006555

开票日期：2016 年 06 月 28 日

购买方	名　　　称：东海酒业有限公司 纳税人识别号：330632584744127 地址、电话：东海市东京路 1210 号　0136-8803975 开户行及账号：工商银行东海分行 180100112200100777				密码区		(略)	
货物或应税劳务、服务名称	规格型号	单位度	数量	单价	金额	税率	税额
电费			42 000	1.00	42 000.00	17%	7 140.00
价税合计（大写）		⊗肆万玖仟壹佰肆拾元整			(小写)￥49 140.00		
销售方	名　　　称：东海市电力公司 纳税人识别号：330602002297208 地址、电话：东海市虹桥路 190 号　0136-3133342 开户行及账号：工商银行东海分行 180100110220017408				备注			

收款人：　　　　　复核：　　　　　开票人：柳之敏　　　　销售方：(章)

第三联：发票联　购买方记账凭证

表 8-48

3300143130

东海增值税专用发票

抵 扣 联

No 28006555

开票日期：2016 年 06 月 28 日

购买方	名　　　称：东海酒业有限公司 纳税人识别号：330632584744127 地址、电话：东海市东京路 1210 号　0136-8803975 开户行及账号：工商银行东海分行 180100112200100777				密码区		(略)	
货物或应税劳务、服务名称	规格型号	单位度	数量	单价	金额	税率	税额
电费			42 000	1.00	42 000.00	17%	7 140.00
价税合计（大写）		⊗肆万玖仟壹佰肆拾元整			(小写)￥49 140.00		
销售方	名　　　称：东海市电力公司 纳税人识别号：330602002297208 地址、电话：东海市虹桥路 190 号　0136-3133342 开户行及账号：工商银行东海分行 180100110220017408				备注			

收款人：　　　　　复核：　　　　　开票人：柳之敏　　　　销售方：(章)

第二联：抵扣联　购买方扣税凭证

表 8-49　　　转账支票存根

中国工商银行（东）
转账支票存根
Ⅻ　00105457

科　　目 ＿＿＿＿＿＿＿＿
对方科目 ＿＿＿＿＿＿＿＿
签发日期　2016 年 06 月 28 日

| 收款人：东海市电力公司 |
| 金　　额：49 140.00 |
| 用　　途：付电费 |
| 备　　注： |

单位主管　　　　会计
复　　核　　　　记账

表 8-50

3300143130

东海增值税专用发票

发票联

No 28006666

开票日期：2016 年 06 月 28 日

| 购买方 | 名　　　称：东海酒业有限公司
纳税人识别号：330632584744127
地址、电话：东海市东京路 1210 号　0136-8803975
开户行及账号：工商银行东海分行 1801001122001007777 | | | | 密码区 | | （略） |

货物或应税劳务、服务名称	规格型号	单位	数 量	单价	金　　额	税率	税 额
水费		吨	22 000	1.20	26 400.00	3%	792.00

| 价税合计（大写）　⊗贰万柒仟壹佰玖拾贰元整 | （小写）¥27 192.00 |

| 销售方 | 名　　　称：东海市自来水公司
纳税人识别号：330602002254321
地址、电话：东海市虹桥路 191 号　0136-3133999
开户行及账号：工商银行东海分行 1801001102200198776 |

收款人：　　　　　复核：　　　　　开票人：柳之敏　　　　　销售方：（章）

税总函[2014]××号×××公司

第三联：　发票联　购买方记账凭证

表 8-51
3300143130

东海增值税专用发票

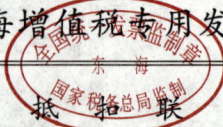

抵 扣 联

No28006666

开票日期：2016 年 06 月 28 日

第二联：抵扣联 购买方扣税凭证

购买方	名　　　称：东海酒业有限公司 纳税人识别号：330632584744127 地　址、电话：东海市东京路 1210 号　0136-8803975 开户行及账号：工商银行东海分行 180100112200100777				密码区	（略）	
货物或应税劳务、服务名称 水费	规格型号	单位 吨	数　量 22 000	单价 1.20	金　额 26 400.00	税率 3%	税　额 792.00
价税合计（大写）　　⊗贰万柒仟壹佰玖拾贰元整					（小写）￥27 192.00		
销售方	名　　　称：东海市自来水公司 纳税人识别号：330602002254321 地　址、电话：东海市虹桥路 191 号　0136-3133999 开户行及账号：工商银行东海分行 180100110220019876				备注		

收款人：　　　　复核：　　　　开票人：柳之敏　　　　销售方：（章）

表 8-52　　　转账支票存根

中国工商银行　（东）
转账支票存根

Ⅻ　00105644

科　　目　＿＿＿＿＿＿＿＿
对方科目　＿＿＿＿＿＿＿＿
签发日期　2016 年 06 月 28 日

收款人：东海市自来水公司
金　额：27 192.00
用　途：付水费
备　注：

单位主管　　　　　会计
复　核　　　　　记账

【业务 16】 计算本月应缴增值税、消费税。计算表如表 8-53～表 8-55 所示。

表 8-53 增值税应纳税额汇总计算表

年　月　日　　　　　　　　　　　　　　　　　单位：元

项　目			计税销售额	销项税额	记账凭证	发票类型
	货物名称		适用税率			
销项税额	应税货物					
	简易办法计税应纳税额					
进项税额	本期进项税发生额					
	小　计					
	进项税额转出	扣除率	计税金额	进项税转出	记账凭证	用途
	小　计					
按适用税率计算应纳增值税税额						
实际应纳增值税税额						

会计主管：王大平印　　　　　　　　　　　　　　制表人：李兴业

表 8-54　　　　　　　　　出口货物增值税"免、抵、退"计算表

年 月 日　　　　　　　　　　　　　　　单位：元

项　目	金　额	备　注
本月内销项税额		
本月进项税额		
上期留抵税额		
本月免、抵、退不得免征和抵扣税额		
本月应纳税额		
本月免、抵税额		
本月应退税额		
本月留抵税额		

会计主管：王大平印　　　　　　　　　　　　制表人：李兴业

表 8-55　　　　　　　　　　消费税应纳税额汇总计算表

年 月 日　　　　　　　　　　　　　　　单位：元

	应税消费品名称	应税销售额/应税数量	适用税率/单位税额	本期消费税额
本期消费税计算				
	小　计			
	已税消费品名称	生产领用金额/代扣代缴计税价	适用税率/单位税额	本期扣除税额
可扣除税额				
	小　计			
	税　额		本月数	本年累计数
本期应纳税额	应纳税额			
	可扣除税额			
	应纳消费税税额			

会计主管：王大平印　　　　　　　　　　　　制表人：李兴业

【业务 17】 计算本月城市维护建设税及教育费附加（契税、印花税及其他地方性规费略），计算单如表 8-56 所示。

表 8-56　　　　　　　　　城市维护建设税及教育费附加计算单

年　月　　　　　　　　　　　金额单位：万元

税费名称	计税依据			税率（征收率）	应交税（费）金额
	增值税	消费税	合计		
城市维护建设税					
教育费附加					
地方教育费附加					
合　计					

会计主管：王大平印　　　　　　　　　　　　　　制表人：李兴业

【业务 18】 除本月营业税金及附加根据资料计算外，其他收入、费用及成本汇总资料如下，结转本年利润。原始凭证如表 8-57～表 8-59 所示。

表 8-57　　　　　　　　　收入汇总表

2016 年 6 月　　　　　　　　　　单位：万元

项　目	金　额
粮食白酒	130.3
复合酒	4.5
主营业务收入小计	134.8
出租包装物	5
其他业务收入小计	5
企业债券利息收入	
国库券利息收入	5
投资收益小计	5
处置无形资产净收入	2.25
营业外收入小计	2.25
总　计	

会计主管：王大平印　　　　　　　　　　　　　制表人：赵　高

175

表 8-58

库存商品计算单

2016 年 6 月 单位：万元

项　目	粮食白酒	其他酒		合　计
期初余额	35	12.35		47.35
本期完工	107	6.67		113.67
合　计	142	19.02		161.02
本期销售	40	3.34		43.34
本期结余	102	15.68		117.68

会计主管：　王大平印　　　　　　　　　　　　　制表人：　赵　高

表 8-59

费用汇总表

2016 年 6 月 单位：万元

项　目	金　额
管理费用	15
财务费用	7
营业外支出	34.4
总　计	56.4

会计主管：　王大平印　　　　　　　　　　　　　制表人：　赵　高

【业务 19】 计算本月应预缴的企业所得税税额。

附：相关账页和纳税申报表（见表 8-60～表 8-71）

1. 增值税应交税费明细账

表 8-60

"应交税费——应交增值税（销项税额）"明细账

年		记账凭证号数	摘要	入账发票份数		借方	贷方														借或贷	余额
				专用发票	普通发票		应税货物、服务						应税劳务	视同销售、服务							
月	日					17%	17%	13%	11%	6%	5%	3%		17%	13%	11%	6%	5%	3%			

表 8-61　　"应交税费——应交增值税（进项税额）"明细账

年		记账凭证号数	摘要	入账发票份数		借　方							贷方	借或贷	余　额
月	日			专用发票	普通发票	17%	13%	13%		11%	6%	5%	3%			
								13%	农产品							

表 8-62

"应交税费——应交增值税（进项税额转出）"明细账

年		记账凭证号数	摘要	借方	贷方							借或贷	余额
月	日				17%	13%	13% 农产品	11%	6%	5%	3%		

表 8-63

"应交税费——应交增值税"明细账

年		记账凭证号数	摘要	页数	借　方				贷　方			借或贷	余额
月	日				进项税额	已交税额	减免税额	出口抵免税额	销项税额	出口退税	进项税额转出		

2. 消费税应交税费明细账

表 8-64

"应交税费——应交消费税"明细账

总第　页
分第　页

年		记账凭证号数	摘要	页数	借方	√	贷方	借或贷	余额
月	日								

3. 增值税纳税申报表附表一

表 8-65

增值税纳税申报表附列资料（一）
（本期销售情况明细）

税款所属时间： 年 月 日至 月 日

纳税人名称：（公章）　　　　　　　　　　　　金额单位：元（列至角分）

项目及栏次		开具税控增值税专用发票		开具其他发票		未开具发票		纳税检查调整		合计			应税服务扣除项目	扣除后	
		销售额	销项（应纳）税额	销售额	销项（应纳）税额	销售额	销项（应纳）税额	销售额	销项（应纳）税额	销售额	销项（应纳）税额	价税合计	本期实际扣除金额	含税（免税）销售额	销项（应纳）税额
		1	2	3	4	5	6	7	8	9=1+3+5+7	10=2+4+6+8	11=9+10	12	13=11-12	14=13÷(100%+税率或征收率)×税率或征收率
一、一般计税方法计税	全部征税项目	17%税率的货物及加工修理修配劳务	1											—	—	—
		17%税率的服务、不动产和无形资产	2													
		13%税率	3											—	—	—
		11%税率	4													
		6%税率	5													
	其中：即征即退项目	即征即退货物及加工修理修配劳务	6	—	—	—	—	—	—	—	—	—	—	—	—	—
		即征即退服务、不动产和无形资产	7	—	—	—	—	—	—	—	—	—	—	—	—	—

续表

项目及栏次		栏次	开具增值税专用发票		开具其他发票		未开具发票		纳税检查调整		合 计			应税服务扣除项目	扣除后	
			销售额	销项（应纳）税额	销售额	销项（应纳）税额	销售额	销项（应纳）税额	销售额	销项（应纳）税额	销售额	销项（应纳）税额	价税合计	本期实际扣除金额	含税（免税）销售额	销项（应纳）税额
			1	2	3	4	5	6	7	8	$9=$ $1+3+$ $5+7$	$10=$ $2+4+$ $6+8$	$11=$ $9+10$	12	$13=$ $11-12$	$14=13÷$ $(100\%+$ 税率或 征收率$)×$ 税率或 征收率
二、简易计税方法计税	全部征税项目															
	6%征收率	8														
	5%征收率的货物及加工修理修配劳务	9a	—	—							—	—	—	—	—	—
	5%征收率的服务、不动产和无形资产	9b									—	—	—	—	—	—
	4%征收率	10									—	—	—	—	—	—
	3%征收率的货物及加工修理修配劳务	11									—	—	—	—	—	—
	3%征收率的服务、不动产和无形资产	12									—	—	—	—	—	—
其中：即征即退项目	预征率 ____%	13a														
	预征率 ____%	13b														
	预征率 ____%	13c														
	即征即退货物及加工修理修配劳务	14	—		—		—		—		—	—	—	—	—	—
	即征即退服务、不动产和无形资产	15	—		—		—		—		—	—	—	—	—	—
三、免抵退税	货物及加工修理修配劳务	16	—		—		—		—		—	—	—		—	
	服务、不动产和无形资产	17	—		—		—		—		—	—	—		—	
四、免税	货物及加工修理修配劳务	18	—		—		—		—		—	—	—		—	
	服务、不动产和无形资产	19	—		—		—		—		—	—	—		—	

4. 增值税纳税申报表附表二

表 8-66　　　　　　　　　　增值税纳税申报表附列资料（二）

（本期进项税额明细）

税款所属时间：　　年　月　日至　　年　月　日

纳税人名称：（公章）　　　　　　　　　　　　　　　　　金额单位：元（列至角分）

一、申报抵扣的进项税额

项　目	栏　次	份数	金额	税额
（一）认证相符的增值税专用发票	1＝2＋3			
其中：本期认证相符且本期申报抵扣	2			
前期认证相符且本期申报抵扣	3			
（二）其他扣税凭证	4＝5＋6＋7＋8			
其中：海关进口增值税专用缴款书	5			
农产品收购发票或者销售发票	6			
代扣代缴税收缴款凭证	7			
其他	8			
（三）本期用于购建不动产的扣税凭证	9	—	—	—
（四）本期不动产允许抵扣进项税额	10	—	—	—
（五）外贸企业进项税额抵扣证明	11			
当期申报抵扣进项税额合计	12＝1＋4－9＋10＋ ＋11			

二、进项税额转出额

项　目	栏　次	税额
本期进项税转出额	13＝14 至 23 之和	
其中：免税项目用	14	
集体福利、个人消费	15	
非正常损失	16	
简易计税方法征税项目用	17	
免抵退税办法不得抵扣的进项税额	18	
纳税检查调减进项税额	19	
红字专用发票通知单注明的进项税额	20	
上期留抵税额抵减欠税	21	
上期留抵税额退税	22	
其他应作进项税额转出的情形	23	

三、待抵扣进项税额

项　目	栏　次	份数	金额	税额
（一）认证相符的增值税专用发票	24	—		—
期初已认证相符但未申报抵扣	25			
本期认证相符且本期未申报抵扣	26			
期末已认证相符但未申报抵扣	27			
其中：按照税法规定不允许抵扣	28			
（二）其他扣税凭证	29＝30 至 33 之和			
其中：海关进口增值税专用缴款书	30			
农产品收购发票或者销售发票	31			
代扣代缴税收缴款凭证	32		—	
运输费用结算单据	33			
	34			

四、其他

项　目	栏　次	份数	金额	税额
本期认证相符的税控增值税专用发票	35			
代扣代缴税额	36	—	—	

5. 固定资产进项税额抵扣情况表

表 8-67　　　　　　　**固定资产（不含不动产）进项税额抵扣情况表**

纳税人识别号：　　　　　　　　　　　　　　　　　纳税人名称：（公章）

填表日期：　年　月　日　　　　　　　　　　　　　金额单位：元（列至角分）

项　　目	当期申报抵扣的 固定资产进项税额	当期申报抵扣的 固定资产进项税额累计
增值税专用发票		
海关进口增值税专用缴纳书		
合　　计		

注：本表一式两份，一份纳税人留存；一份主管税务机关留存。

6. 增值税纳税申报表主表

表 8-68　　　　　　　　　**增值税纳税申报表**
　　　　　　　　　　　　　　　（一般纳税人适用）

根据国家税收法律法规及增值税相关规定制定本表。纳税人不论有无销售额，均应按税务机关核定的纳税期限填写本表，并向当地税务机关申报。

税款所属时间：自　年　月　日至　年　月　日　　填表日期：　年　月　日

纳税人识别号															所属行业：制造业		
纳税人名称	（公章）		法定代表 人姓名			注册 地址			营业地址	
开户银行及账号			企业登记注册类型				电话号码	

项　　目		栏　次	一般项目		即征即退项目	
			本月数	本年累计	本月数	本年累计
销售额	（一）按适用税率计税销售额	1				
	其中：应税货物销售额	2				
	应税劳务销售额	3				
	纳税检查调整的销售额	4				
	（二）按简易办法计税销售额	5				
	其中：纳税检查调整的销售额	6				
	（三）免、抵、退办法出口销售额	7			—	—
	（四）免税销售额	8			—	—
	其中：免税货物销售额	9			—	—
	免税劳务销售额	10			—	—
税款计算	销项税额	11				
	进项税额	12				
	上期留抵税额	13		—		—
	进项税额转出	14				
	免、抵、退应退税额	15			—	—
	按适用税率计算的纳税检查应补 缴税额	16			—	—
	应抵扣税额合计	17＝12＋13— 14—15＋16		—		—

185

项 目		栏 次	一般项目		即征即退项目	
			本月数	本年累计	本月数	本年累计
税款计算	实际抵扣税额	18(如 17＜11,则为 17,否则为 11)				
	应纳税额	19＝11－18				
	期末留抵税额	20＝17－18		—		—
	简易计税办法计算的应纳税额	21				
	按简易计税办法计算的纳税检查应补缴税额	22		—		—
	应纳税额减征额	23				
	应纳税额合计	24＝19＋21－23				
税款缴纳	期初未缴税额(多缴为负数)	25				
	实收出口开具专用缴款书退税额	26		—		—
	本期已缴税额	27＝28＋29＋30＋31				
	① 分次预缴税额	28		—		—
	② 出口开具专用缴款书预缴税额	29		—		—
	③ 本期缴纳上期应纳税额	30				
	④ 本期缴纳欠缴税额	31				
	期末未缴税额(多缴为负数)	32＝24＋25＋26－27				
	其中:欠缴税额(≥0)	33＝25＋26－27		—		—
	本期应补(退)税额	34＝24－28－29		—		—
	即征即退实际退税额	35	—		—	
	期初未缴查补税额	36			—	—
	本期入库查补税额	37			—	—
	期末未缴查补税额	38＝16＋22＋36－37				

授权声明	如果你已委托代理人申报,请填写下列资料:
	    为代理一切税务事宜,现授权
	(地址) 为本纳税人的代理申报人,任何与本申报表有关的往来文件,都可寄予此人。
	
	                 授权人签字:
		申报人声明	本纳税申报表是根据国家税收法律法规及相关规定填报的,我确定它是真实的、可靠的、完整的。
			
			                 声明人签字:

主管税务机关: 接收人: 接收日期:

7. 消费税纳税申报表

表 8-69　　　　　　　　　　**酒类应税消费品消费税纳税申报表**

税款所属期：　　年　月　日至　　年　月　日

纳税人名称：(公章)　　　纳税人识别号：□□□□□□□□□□□□□□□

填表日期：　年　月　日　　　　　　　　　　　　金额单位：元(列至角分)

项目　　　应税消费品名称	适用税率		销售数量	销售额	应纳税额
	定额税率	比例税率/%			
粮食白酒	0.5元/斤	20			
薯类白酒	0.5元/斤	20			
啤酒	250元/吨	—			
啤酒	220元/吨	—			
黄酒	240元/吨	—			
其他酒	—	10			
合　计	—	—	—	—	

本期准予扣除税额：	**声　明**
本期减(免)税额：	此纳税申报表是根据国家税收法律的规定填报的,我确定它是真实的、可靠的、完整的。
期初未缴税额：	经办人：(签章) 　财务负责人：(签章) 　联系电话：
本期缴纳前期应纳税额：	(如果你已委托代理人申报,请填写)
本期预缴税额：	**授权声明** 　为代理一切税务事宜,现授权_____
本期应补(退)税额：	(地址)_____为本纳税人的代理申报人,任何与本申报表有关的往来文件,都可寄予此人。
期末未缴税额：	授权人：(签章)

以下由税务机关填写

受理人：(签章)　　　　受理日期：　年　月　日　　　受理税务机关：(章)

8. 城市维护建设税纳税申报表

表 8-70 **城市维护建设税纳税申报表**

填表日期：　　年　月　日

纳税人识别号：　　　　　　　　　　　　　　　　　　金额单位：元(列至角分)

纳税人名称			税款所属时期			
计税依据	计税金额	税率	应纳税额	已纳税额	应补(退)税额	
1	2	3	4=2×3	5	6=4−5	
增值税						
消费税						
合　计						
如纳税人填报,由纳税人填写以下各栏			如委托代理人填报,由代理人填写以下各栏			备注
会计主管： （签章）		纳税人： （公章）	代理人名称		代理人： （公章）	
			代理人地址			
			经办人		电话	
以下由税务机关填写						
收到申报表日期			接收人			

9. 企业所得税月(季)度预缴纳税申报表(A类)

表 8-71 **中华人民共和国企业所得税月(季)度预缴纳税申报表(A类)**

税款所属期间：　　年　月　日至　　年　月　日

纳税人识别号：☐☐☐☐☐☐☐☐☐☐☐☐☐☐☐

纳税人名称：　　　　　　　　　　　　　　　金额单位：元(列至角分)

行次	项　　目	本期金额	累计金额
1	一、按照实际利润额预缴		
2	营业收入		
3	营业成本		
4	利润总额		
5	加：特定业务计算的应纳税所得额		
6	减：不征税收入和税基减免应纳税所得额(请填附表1)		
7	固定资产加速折旧(扣除)调减额(请填附表2)		
8	弥补以前年度亏损		
9	实际利润额(4行＋5行－6行－7行－8行)		
10	税率(25％)		
11	应纳所得税税额		
12	减：减免所得税税额		
13	减：实际已预缴所得税税额		—
14	减：特定业务预缴(征)所得税税额		
15	应补(退)所得税税额(11行－12行－13行－14行)		
16	减：以前年度多缴在本期抵缴所得税税额		
17	本月(季)实际应补(退)所得税税额		—

行次	项　目	本期金额	累计金额
18	二、按照上一纳税年度应纳税所得额平均额预缴		
19	上　纳税年度应纳税所得额	—	
20	本月（季）应纳税所得额（19×1/4 或 1/12）		
21	税率（25%）		
22	本月（季）应纳所得税税额（20 行×21 行）		
23	减：减免所得税税额（请填附表3）		
24	本月（季）实际应纳所得税税额（22 行－23 行）		
25	三、按照税务机关确定的其他方法预缴		
26	本月（季）税务机关确定的预缴所得税税额		
27	总分机构纳税人		
28	总机构 总机构应分摊所得税税额（15 行或 24 行或 26 行×总机构应分摊预缴比例）		
29	财政集中分配所得税税额		
30	分支机构应分摊所得税税额（15 行或 24 行或 26 行×分支机构应分摊比例）		
31	其中：总机构独立生产经营部门应分摊所得税税额		
32	分支机构 分配比例		
33	分配所得税税额		

是否属于小型微利企业：　　　是 □　　　　　　　　否 □

谨声明：此纳税申报表是根据《中华人民共和国企业所得税法》、《中华人民共和国企业所得税法实施条例》和国家有关税收规定填报的，是真实的、可靠的、完整的。

法定代表人：（签字）　　　　　　　年　月　日

纳税人：（公章） 会计主管： 填表日期：　年　月　日	代理申报中介机构：（公章） 经办人： 经办人执业证件号码： 代理申报日期：　年　月　日	主管税务机关：（受理专用章） 受理人： 受理日期：　年　月　日

国家税务总局监制

参 考 文 献

[1] 梁伟样.税费计算与申报实训[M].2 版.北京：高等教育出版社,2014.

[2] 梁伟样.税务会计学习指导、习题与项目实训[M].3 版.北京：高等教育出版社,2013.

[3] 梁伟样.税法学习指导、习题与项目实训[M].3 版.北京：高等教育出版社,2014.

[4] 梁伟样.税务会计实训[M].2 版.北京：科学出版社,2014.

[5] 王碧秀.税务会计学生手册[M].2 版.大连：东北财经大学出版社,2013.